PONS

Übungsbuch zum Schulbuch

Passend für
- **À plus ! 1** (Ausgabe 2004)
- **À plus ! 1** Nouvelle édition
- **Découvertes 1** (Ausgabe 2004)
- **Découvertes 1** Série jaune
- **Découvertes 1** Série bleue

Französisch 1

Gymnasium
1. Lernjahr

Fabienne Schreitmüller

PONS GmbH
Stuttgart

PONS

Übungsbuch zum Schulbuch FRANZÖSISCH 1 Gymnasium 1. Lernjahr

von
Fabienne Schreitmüller

Die Audiodateien zu diesem Titel findest du unter
www.pons.de/übungsbuch-zum-schulbuch-französisch1
oder scanne den QR-Code.

Tonstudio: Bauer Studios GmbH, Ludwigsburg
Sprecher: Christine Seguret, Regis Titeca, Benoît Gourdin, Eric Choquet, Clementine Bied-Charreton, Sylvie Eckert

Auflage A1 5 4 3 2 1 / 2020 2019 2018 2017

Redaktion: PONS Lernhilfen
Logoentwurf: Erwin Poell, Heidelberg
Logoüberarbeitung: Sabine Redling, Heidelberg
Umschlagfoto: Thinkstock, München (SerrNovik)
Einbandgestaltung: Sabine Kaufmann, Stuttgart
Satz: DTP-studio Andrea Eckhardt, Göppingen
Druck und Bindung: Gebr. Geiselberger GmbH, Altötting

Printed in Germany
ISBN 978-3-12-562526-6

Vorwort: Alles ganz einfach – *très facile* !

In diesem Übungsbuch findest du:

Grammatik

Alle Grammatikthemen deiner Klasse findest du schnell, wenn du im Inhaltsverzeichnis ab Seite 4 suchst. Schlage die angegebene Seite dieses Übungsbuches auf – du findest hier viele Übungen mit unterschiedlichem Schwierigkeitsgrad. Auf den Seiten gleich nach den Übungen stehen die Lösungen.

Textverständnis

Im zweiten Buchteil findest du Übungen zu Themen, die in deiner Klassenstufe behandelt werden. Es gibt Übungen zum

- Hörverstehen
- Schreiben von eigenen Texten
- Leseverstehen
- Sprachmittlung (Mediation)

Passend zum
Schulbuch

Dieses Übungsbuch passt genau zu deinem Schulbuch. Suche dein eigenes Schulbuch auf den Seiten unseres Wegweisers – du kannst diese Seiten mit einem „Eselsohr" oder einem Lesezeichen markieren, um sie immer schnell wieder zu finden.
Dein ganz persönlicher Wegweiser zeigt dir immer genau an, auf welcher Seite dieses Übungsbuches du findest, was bei dir in der Schule gerade dran ist. Du findest jede Unité, alle Grammatikthemen, Wortschatzübungen und alle Themen, die ihr in der Schule behandelt. So kannst du alles wiederholen und bist immer gut vorbereitet.

WEGWEISER
Passend für

Inhaltsverzeichnis

Inhaltsverzeichnis

Inhaltsverzeichnis

Textverständnis

Inhaltsverzeichnis

Unité 1 – À plus ! 1 (Ausgabe 2004)

Grammatik

Wortschatz – Textverständnis

Unité 2 – À plus ! 1 (Ausgabe 2004)

Grammatik

Unité 3 – À plus ! 1 (Ausgabe 2004)

Grammatik

Wortschatz – Textverständnis

Unité 4 – À plus ! 1 (Ausgabe 2004)

Grammatik

Wortschatz – Textverständnis

Unité 5 – À plus ! 1 (Ausgabe 2004)

Grammatik

Wortschatz – Textverständnis

Unité 6 – À plus ! 1 (Ausgabe 2004)

Grammatik

Unité 7 – À plus ! 1 (Ausgabe 2004)

Grammatik

Wortschatz – Textverständnis

Unité Supplémentaire à la carte – À plus ! 1 (Ausgabe 2004)

Grammatik

Wortschatz – Textverständnis

Unité 1 – À plus ! 1 Nouvelle édition

Grammatik

Wortschatz – Textverständnis

Unité 2 – À plus ! 1 Nouvelle édition

Grammatik

Wortschatz – Textverständnis

Unité 3 – À plus ! 1 Nouvelle édition

Grammatik

Wortschatz – Textverständnis

Unité 4 – À plus ! 1 Nouvelle édition

Unité 5 – À plus ! 1 Nouvelle édition

Unité 6 – À plus ! 1 Nouvelle édition

Unité 7 – À plus ! 1 Nouvelle édition

Wortschatz – Textverständnis

Unité 8 – À plus ! 1 Nouvelle édition

Grammatik

Wortschatz – Textverständnis

Leçon 1 – Découvertes 1 (Ausgabe 2004)

Leçon 2 – Découvertes 1 (Ausgabe 2004)

Leçon 5 – Découvertes 1 (Ausgabe 2004)

Leçon 6 – Découvertes 1 (Ausgabe 2004)

Grammatik

Wortschatz – Textverständnis

Leçon 7 – Découvertes 1 (Ausgabe 2004)

Grammatik

Wortschatz – Textverständnis

Leçon 8 – Découvertes 1 (Ausgabe 2004)

Grammatik

Wortschatz – Textverständnis

Leçon 9 – Découvertes 1 (Ausgabe 2004)

Grammatik

Wortschatz – Textverständnis

Unité 1 – Découvertes 1 Série jaune

Grammatik

Wortschatz – Textverständnis

Unité 2 – Découvertes 1 Série jaune

Grammatik

Wortschatz – Textverständnis

Unité 3 – Découvertes 1 Série jaune

Grammatik

Wortschatz – Textverständnis

Unité 4 – Découvertes 1 Série jaune

Grammatik

Wortschatz – Textverständnis

Unité 5 – Découvertes 1 Série jaune

Grammatik

Wortschatz – Textverständnis

Unité 6 – Découvertes 1 Série jaune

Unité 7 – Découvertes 1 Série jaune

Unité 1 – Découvertes 1 Série bleue

Unité 2 – Découvertes 1 Série bleue

Grammatik

Unité 3 – Découvertes 1 Série bleue

Grammatik

Wortschatz – Textverständnis

Unité 4 – Découvertes 1 Série bleue

Grammatik

Unité 5 – Découvertes 1 Série bleue

Unité 6 – Découvertes 1 Série bleue

Grammatik

- **Das *Passé composé* mit *avoir*** — Seite 114
  j'ai travaillé, nous avons travaillé
- **Das Adjektiv** — Seite 57
  petit, petite
- **Das direkte und das indirekte Objekt** — Seite 140
  Je montre mon vélo à maman.
- **Das Verb *mettre*** — Seite 84
  je mets, nous mettons

Wortschatz – Textverständnis

Ein Fest — Seite 233

Kleidung — Seite 184

Farben — Seite 61

Unité 7 – Découvertes 1 Série bleue

Grammatik

- **Das Verb *lire*** — Seite 84
  je lis, nous lisons
- **Das Verb *écrire*** — Seite 84
  j'écris, nous écrivons
- ***ne ... pas de, ne ... plus de, beaucoup de, peu de*** — Seite 125
- ***ne ... pas, ne ... plus, ne ... rien*** — Seite 143

Wortschatz – Textverständnis

Verkehrsmittel — Seite 228

Das Wetter — Seite 200

Ein Einkaufsgespräch führen — Seite 216

GRAMMATIK

Der Artikel

1 Der bestimmte Artikel

●○○ 1. Schreibe unter jedes Bild das Substantiv mit dem passenden Artikel *le, la, l'*. → Lösung S. 40

a) ____________ b) ____________ c) ____________

●●○ 2. Übersetze ins Französische. Achte dabei auf die unterschiedlichen Artikel in jeder Sprache. → Lösung S. 40

a) das Kino ____________

b) der Apfel ____________

c) das Mädchen ____________

d) das Haus ____________

e) das Geschenk ____________

●●○ 3. Setze die folgenden Sätze in den Singular bzw. Plural. → Lösung S. 40

a) Voilà les voitures. *Voilà ...*

b) Voilà les oncles de Fabrice. *Voilà ...*

c) Voilà les exercices de Marie. *Voilà ...*

d) Voilà le devoir. *Voilà ...*

2 Der unbestimmte Artikel

●○○ 1. Ordne diese Wörter je nach Artikel. Trage sie in die Tabelle ein. → Lösung S. 40

salle • livres • ordinateur • photo • maison • crayons • jeux • garçon • jours • semaine • portable • vélo

un	une	des

●●○ 2. Fülle die Lücke mit dem richtigen Artikel: *un*, *une* oder *des*? → Lösung S. 40

a) J'ai ____________ frère et ____________ sœur.

b) Il y a ____________ problème !

c) Ma mère prépare ____________ gâteaux.

d) Jules a ____________ chat et ____________ chien.

e) Les élèves ont ____________ questions.

●●● 3. Setze in den Singular bzw. Plural und übersetze. → Lösung S. 40

a) des filles *une fille (Mädchen, ein Mädchen)*

b) une famille ____________

c) des jeux ____________

d) un jus ____________

e) des magasins ____________

f) un lit ____________

1 Der bestimmte Artikel

→ Übungen ab S. 38

1. a) l'école b) le gâteau c) la bouteille
2. a) le cinéma b) la pomme c) la fille d) la maison e) le cadeau
3. a) Voilà **la voiture**. b) Voilà **l'oncle de Fabrice**. c) Voilà **l'exercice de Marie**. d) Voilà **les devoirs**.

2 Der unbestimmte Artikel

→ Übungen ab S. 39

1.

un	une	des
ordinateur	salle	livres
garçon	photo	crayons
portable	maison	jeux
vélo	semaine	jours

2. a) J'ai **un** frère et **une** sœur. b) Il y a **un** problème ! c) Ma mère prépare **des** gâteaux. d) Jules a **un** chat et **un** chien. e) Les élèves ont **des** questions.
3. b) une famille, **des familles** (**eine Familie**, **Familien**) c) des jeux, **un jeu** (**Spiele**, **ein Spiel**) d) un jus, **des jus** (**ein Saft**, **Säfte**) e) des magasins, **un magasin** (**Geschäfte**, **ein Geschäft**) f) un lit, **des lits** (**ein Bett**, **Betten**)

Die Personalpronomen

1 Die Subjektpronomen

●○○ 1. Markiere alle neun Subjektpronomen in der Buchstabenschlange. → Lösung S. 45

j e a p p e l e r t u i l m a m a n e l l e o n c o u r t c e t t e

n o u s j o u e r f é v r i e r v o u s m a r s i l s e l l e s i c i

●○○ 2. Verbinde die zusammengehörenden Sätze. → Lösung S. 45

a) Christelle ?	Il habite maintenant en Espagne.
b) C'est Jean.	Elle est très jolie !
c) Je suis Sandra Florin.	Ils sont en cinquième.
d) Sandro et Anne-Marie ?	Tu vas au foot ?
e) Salut Luc !	J'ai 12 ans.

●●● 3. Übersetze die Sätze ins Französische. → Lösung S. 45

a) Marie und Corinne? Sie sind müde.

____

b) Wir haben Angst!

____

c) Léa, Valérie und Hugo? Sie haben eine Katze.

____

d) Ihr seid in der Klasse 5 a.

____

2 Die Pronomen *moi* und *toi*

●●○ 1. Wie geht es weiter? Kreuze an. → Lösung S. 45

a) Ça va ?
- ☐ Oui, et toi ?
- ☐ Merci, je vais à l'école.

b) Moi, je m'appelle Miriam.
- ☐ Et moi ?
- ☐ Et toi ?

c) Je m'appelle Karine.
- ☐ Et moi, je suis Bella.
- ☐ Et toi ? Tu t'appelles Karine ?

d) Tu es Doris ?
- ☐ Oui, et toi ?
- ☐ Non, et moi ?

e) Tu t'appelles comment ?
- ☐ Moi, c'est Adam.
- ☐ Moi, ça va.

f) Salut ! Je suis Lili !
- ☐ Et moi Chloé !
- ☐ Et moi ?

●●○ 2. Ergänze die Dialoge mit *moi* oder *toi*. → Lösung S. 45

a) – Comment tu t'appelles ?

– ____________, c'est Julie et ____________ ?

b) – Sarah, tu es de Lyon ?

– ____________ ? Non, de Paris !

c) – Xavier ? Tu fais une photo de Léa ?

– Oui, ____________, je fais une belle photo ! Et ____________ ?

– ____________ aussi.

d) – Salut Théo ! Ça va ?

– Ça va, merci. Et ____________ ?

– ____________, ça va bien !

3 Die Objektpronomen

●○○ 1. Kreise die sechs Objektpronomen ein, die sich hier versteckt haben. Objektpronomen sind: *me, te, le, la, vous, les.*

→ Lösung S. 45

j e t o n f r o i d m e b u s m o i j o u r s e g a r e l e t o u r l a

t u m o n g r a n d c o p a i n v o u s r a c o n t e r f r è r e l e s

à c h a n s o n t o i s o n m a l s o n m a t i n c h a m p s e t e

●○○ 2. Das **fett gedruckte** Wort in der linken Spalte wurde rechts durch ein Pronomen ersetzt. Verbinde die passenden Sätze.

→ Lösung S. 45

a) Je regarde **le professeur**.	Il les fait aujourd'hui ?
b) Jean fait **ses devoirs**.	Et ils ne l'aiment vraiment pas !
c) Cécile a un **livre**.	Pourquoi tu le regardes ?
d) Ils n'aiment pas **le rap**.	Oui, je la cherche.
e) Tu cherches **ta clé** ?	Elle l'a en anglais ?

●●○ 3. Ersetze den **fett gedruckten** Satzteil durch das richtige Objektpronomen.

→ Lösung S. 45

a) Il prend **la bouteille**. ______________________

b) Julie cherche **les mots**. ______________________

c) Marc retrouve **ses copains**. ______________________

d) Je regarde **Nancy**. ______________________

e) Il mange **le dessert**. ______________________

●●○ 4. Was ersetzt das Objektpronomen? Kreuze an. Achtung! Manchmal sind beide Lösungen richtig!

→ Lösung S. 45

a) Appelle-la !
- ☐ Sandrine
- ☐ Lucie et Sophie

b) Ils le prennent.
- ☐ le dessert
- ☐ le cahier

c) Il les commence.
- ☐ les crayons
- ☐ ses devoirs

d) Tu me regardes ?
- ☐ tu
- ☐ je

e) Nous l'aimons.
- ☐ la danse
- ☐ la cuisine française

f) Vous l'écoutez ?
- ☐ tu
- ☐ il

●●○ 5. Bilde aus den Wörtern einen richtigen Satz.

→ Lösung S. 45

a) déteste / le / je ______________________________.

b) prend / la / elle ______________________________.

c) commence / elle / maintenant / le ______________________________.

d) faisons / les / le / nous / matin ______________________________.

●●○ 6. Antworte. Verwende dabei Objektpronomen, um Wiederholungen zu vermeiden.

→ Lösung S. 45

a) Vous chantez la chanson ? *Oui, nous la chantons* ______________________________.

b) Vous avez les crayons ? *Oui, nous* ______________________________.

c) Tu fais tes exercices ? *Oui,* ______________________________.

d) Tu m'aimes ? *Oui,* ______________________________.

1 Die Subjektpronomen

Übungen ab S. 41

1. **j e** a p p e l e r **t u i l** m a m a n **e l l e o n** c o u r t c e t t e **n o u s** j o u e r f é v r i e r **v o u s** m a r s **i l s e l l e s** i c i

2. b) C'est Jean. Il habite maintenant en Espagne. c) Je suis Sandra Florin. J'ai 12 ans. d) Sandro et Anne-Marie ? Ils sont en cinquième. e) Salut Luc ! Tu vas au foot ?

3. a) Marie et Corinne ? Elles sont fatiguées. b) Nous avons peur ! c) Léa, Valérie et Hugo ? Ils ont un chat. d) Vous êtes en 5 a.

2 Die Pronomen *moi* und *toi*

Übungen ab S. 42

1. a) Ça va ? **Oui, et toi ?** b) Moi, je m'appelle Miriam. **Et toi ?** c) Je m'appelle Karine. **Et moi, je suis Bella.** d) Tu es Doris ? **Oui, et toi ?** e) Tu t'appelles comment ? **Moi, c'est Adam.** f) Salut ! Je suis Lili ! **Et moi Chloé !**

2. a) Comment tu t'appelles ? **Moi**, c'est Julie et **toi** ? b) Sarah, tu es de Lyon ? **Moi** ? Non, de Paris ! c) Xavier ? Tu fais une photo de Léa ? Oui, **moi**, je fais une belle photo ! Et **toi** ? **Moi** aussi ! d) Salut Théo ! Ça va ? Ça va, merci. Et **toi** ? **Moi**, ça va bien !

3 Die Objektpronomen

Übungen ab S. 43

1. j e t o n f r o i d **m e** b u s m o i j o u r s e g a r e **l e** t o u r **l a** t u m o n g r a n d c o p a i n **v o u s** r a c o n t e r f r è r e **l e s** à c h a n s o n t o i s o n m a l s o n m a t i n c h a m p s e **t e**

2. b) Jean fait ses devoirs. **Il les fait aujourd'hui ?** c) Cécile a un livre. **Elle l'a en anglais ?** d) Ils n'aiment pas le rap. **Et ils ne l'aiment vraiment pas !** e) Tu cherches ta clé ? **Oui, je la cherche.**

3. a) Il prend la bouteille. **Il la prend.** b) Julie cherche les mots. **Elle les cherche.** c) Marc retrouve ses copains. **Marc les retrouve.** d) Je regarde Nancy. **Je la regarde.** e) Il mange le dessert. **Il le mange.**

4. a) Sandrine b) le dessert, le cahier c) ses devoirs d) je e) la danse, la cuisine française f) il

5. a) Je le déteste. b) Elle la prend. c) Elle le commence maintenant. / Maintenant, elle le commence. d) Nous les faisons le matin / Le matin, nous les faisons.

6. b) Oui, nous les avons. c) Oui, je les fais. d) Oui, je t'aime.

Die Possessivbegleiter

1 Die Possessivbegleiter bei einem Besitzer

●○○ 1. Ergänze den richtigen Possessivbegleiter.
ma, mon, mes, ta, ton, tes, sa, son, ses

→ Lösung S. 49

a) m__________ chien
b) t__________ sœur
c) s__________ chats
d) m__________ skis
e) t__________ idées
f) s__________ voiture

●○○ 2. Verbinde die Frage mit der passenden Antwort.

→ Lösung S. 49

a) Tom est le frère de Léa ?	Non, ce n'est pas mon père !
b) C'est ton père ?	Oui, bien sûr ! Ton stylo !
c) C'est le vélo de Pierre ?	Oui, c'est son frère.
d) C'est mon stylo ?	Oui, c'est sa copine.
e) Léa ? La copine de Léo ?	Non, ce n'est pas son vélo.

●○○ 3. Was passt in die Lücke: *son*, *sa* oder *ses*?

→ Lösung S. 49

a) Élodie commence __________ devoirs.
b) __________ portable est noir.
c) __________ amie n'est pas là.
d) Jean prend __________ livre.
e) __________ cousines sont sympas.
f) __________ BD sont super.
g) Demain, Jules ne va pas au foot. C'est __________ anniversaire.

2 Die Possessivbegleiter bei mehreren Besitzern

●○○ 1. *Notre, nos, votre* oder *vos*: Ergänze den passenden Possessivbegleiter. → Lösung S. 49

a) – Voilà un CD. Il est à qui ?

– À nous ! C'est ____________ CD.

b) – Julie et Laurence, ce sont ____________ crayons ?

– Non, ce sont les crayons de Margot et Marc.

c) – Qu'est-ce que c'est ? C'est à vous ?

– Oui ! Ce sont ____________ stylos !

d) – ____________ chien a 8 ans ?

– Et ____________ chat a 2 ans !

●●○ 2. *Leur* oder *leurs*? Ergänze den passenden Possessivbegleiter. → Lösung S. 49

a) Et les parents de Béa et Julie ?

____________ parents sont Jean et Muriel.

b) Le nom de Valérie et André ?

____________ nom est Martinet-Dujardin !

c) Ils ont un chat ?

Oui, ____________ chat s'appelle Momo.

d) La fille de Flo et Hugo ?

____________ fille a 11 ans.

e) Les amis de Monique et Léo arrivent à quelle heure ?

____________ amis arrivent à huit heures !

3 Gemischte Aufgaben

●●○ 1. Finde den passenden Possessivbegleiter mithilfe der Hinweise in den Klammern.

→ Lösung S. 49

a) Je cherche ____________ sœur. (*à moi*)

b) Elle parle à ____________ professeur. (*à elle*)

c) Tu as ____________ exercices ? (*à toi*)

d) ____________ grand-mère est super ! (*à nous*)

e) Ce sont ____________ parents. (*à Daniel et Philippe*)

●●○ 2. Lies den Text. Was haben diese Personen mit Karine zu tun? Setze einen Possessivbegleiter ein.

→ Lösung S. 49

Moi, je m'appelle Karine. Tu connais Martin, Cécile, David, Simon, Xavier, Noémie et Émile ? Je t'explique ! Martin, c'est _________ frère et Cécile et David sont _________ parents. Simon et Xavier sont _________ cousins. Ils ont 12 et 15 ans. Noémie est _________ copine. Depuis 10 ans déjà ! Mais Émile, tu le connais ! C'est _________ chat !

●●● 3. Dorian will uns seine Familie vorstellen. Schreibe auf Französisch, was er sagt.

→ Lösung S. 49

a) Meine Brüder sind Mark und Benjamin.

____

b) Meine Schwester ist drei Jahre alt.

____

c) Unsere Eltern sind nett.

____

d) Meine Mutter hat einen Bruder. Mein Onkel Bernd ist ihr Bruder!

____

1 Die Possessivbegleiter bei einem Besitzer

Übungen ab S. 46

1. a) **mon** chien b) **ta** sœur c) **ses** chats d) **mes** skis e) **tes** idées f) **sa** voiture

2. b) C'est ton père ? Non, ce n'est pas mon père ! c) C'est le vélo de Pierre ? Non, ce n'est pas son vélo. d) C'est mon stylo ? Oui, bien sûr ! Ton stylo ! e) Léa ? La copine de Léo ? Oui, c'est sa copine.

3. a) Élodie commence **ses** devoirs. b) **Son** portable est noir. c) **Son** amie n'est pas là. d) Jean prend **son** livre. e) **Ses** cousines sont sympas. f) **Ses** BD sont super. g) Demain, Jules ne va pas au foot. C'est **son** anniversaire.

2 Die Possessivbegleiter bei mehreren Begleitern

Übungen ab S. 47

1. a) C'est **notre** CD. b) Julie et Laurence, ce sont **vos** crayons ? c) Ce sont **nos** stylos ! d) **Votre** chien a 8 ans ? Et **notre** chat a 2 ans !

2. a) **Leurs** parents sont Jean et Muriel. b) **Leur** nom est Martinet-Dujardin ! c) Oui, **leur** chat s'appelle Momo. d) **Leur** fille a 11 ans. e) **Leurs** amis arrivent à huit heures !

3 Gemischte Aufgaben

Übungen ab S. 48

1. a) Je cherche **ma** sœur. b) Elle parle à **son** professeur. c) Tu as **tes** exercices ? d) **Notre** grand-mère est super ! e) Ce sont **leurs** parents.

2. Moi, je m'appelle Karine. Tu connais Martin, Cécile, David, Simon, Xavier, Noémie et Émile ? Je t'explique ! Martin, c'est **mon** frère et Cécile et David sont **mes** parents. Simon et Xavier sont **mes** cousins. Ils ont 12 et 15 ans. Noémie est **ma** copine. Depuis 10 ans déjà ! Mais Émile, tu le connais ! C'est **mon** chat !

3. a) Mes frères sont Mark et Benjamin. b) Ma sœur a trois ans. c) Nos parents sont sympas. d) Ma mère a un frère. Mon oncle Bernd est son frère !

Die Demonstrativbegleiter

1 Die Demonstrativbegleiter

●○○ 1. Schreibe das Nomen mit seinem Demonstrativbegleiter in die richtige Spalte der Tabelle.

→ Lösung S. 51

		ce	cet	cette
a)	maison			*cette maison*
b)	BD			
c)	ordinateur			
d)	enfant			
e)	vélo			

●○○ 2. Wie lautet der einzige Demonstrativbegleiter im Plural? Kreuze ihn an.

→ Lösung S. 51

☐ ce ☐ ses ☐ nos
☐ c'est ☐ ces ☐ cette
☐ se ☐ son ☐ notre

●●○ 3. Was passt in die Lücke: *ce*, *cette* oder *ces*? Ergänze.

→ Lösung S. 51

a) Elle mange ____________ pommes ?

b) ____________ garçon est sympa !

c) Et ____________ fille est géniale !

d) Nous ne faisons pas ____________ exercices.

e) ____________ chambre est jolie.

f) ____________ élèves travaillent bien.

1 Die Demonstrativbegleiter

→ Übungen ab S. 50

1.

	ce	cet	cette
a)			cette maison
b)			cette BD
c)		cet ordinateur	
d)		cet enfant	
e)	ce vélo		

2. ces

3. a) Elle mange **ces** pommes ? b) **Ce** garçon est sympa ! c) Et **cette** fille est géniale ! d) Nous ne faisons pas **ces** exercices. e) **Cette** chambre est jolie. f) **Ces** élèves travaillent bien.

Das Substantiv (Nomen)

1 Maskulinum und Femininum

●○○ 1. Streiche das Wort, das nicht zu den anderen passt. → Lösung S. 56

a) *weibliche Nomen:*	danse	rue	carte	euro
b) *männliche Nomen:*	cadeau	eau	gâteau	bureau
c) *weibliche Nomen:*	musée	surprise	pomme	table
d) *männliche Nomen:*	cours	jour	cour	frère

●●○ 2. Ergänze den maskulinen oder femininen Artikel. → Lösung S. 56

a) ________ foot	b) ________ famille	c) ________ jeu
d) ________ tennis	e) ________ mère	f) ________ cadeau
g) ________ chanson	h) ________ gâteau	i) ________ guitare
j) ________ père	k) ________ rue	l) ________ sœur
m) ________ euro	n) ________ pomme	o) ________ danse
p) ________ cuisine	q) ________ musique	r) ________ frère

●●○ 3. Verbinde das maskuline Wort mit dem femininen Gegenstück. → Lösung S. 56

a) le copain	la tante
b) le chanteur	la copine
c) le garçon	la fille
d) le frère	la chanteuse
e) l'oncle	la sœur

2 Singular und Plural

●○○ 1. Setze die Wörter in den Plural. → Lösung S. 56

a) un livre ____________ b) un chien ____________

c) la chanson ____________ d) le frère ____________

e) une clé ____________ f) le problème ____________

g) le copain ____________ h) un cahier ____________

●●○ 2. Beantworte die Fragen mithilfe der Hinweise in Klammern. → Lösung S. 56

a) Tu as un frère ? (trois)

Non, j'ai trois frères.

b) Vous avez un chat ? (quatre)

Non, nous . . .

c) Il a une BD à la maison ? (deux)

Non, il . . .

d) Est-ce qu'il prépare un gâteau ? (deux)

Non, . . .

e) Ils ont un chien et un chat ? (deux, trois)

Non, . . .

f) Est-ce qu'elle a une sœur ? (deux)

Non, . . .

g) Ils ont un stylo noir ? (cinq)

Non, . . .

3 Unregelmäßige Pluralformen

●○○ 1. Bilde die Pluralform dieser Wörter. Aber Vorsicht, hier sind manche Formen unregelmäßig.

→ Lösung S. 56

	Singular	Plural
a)	la chaise	
b)	l'idée	
c)		les CD
d)		les maisons
e)	le gâteau	
f)	le jeu	
g)	l'animal	
h)		les bateaux
i)		les mois

●●○ 2. Finde das passende Wort und setze die richtige Form in die Lücken ein.

→ Lösung S. 56

a) Où sont mes ________________ ? (*CD*)

b) Elle adore les ________________ ! (*Kuchen*)

c) J'ai fait deux ________________ . (*Spiele*)

d) Delphine l'a aimé pendant des ________________ . (*Monate*)

e) Les ________________ regardent les ________________ .

(*Kinder, Tiere*)

4 Gemischte Aufgaben

●○○ 1. Hier haben sich Verben, Nomen und Adjektive versteckt.
Kreise nur Nomen ein. → Lösung S. 56

s p o r t a d o r e r c a h i e r c h e r c h e r g r a n d

m a n g e r c r a y o n p a r l e r b e a u m u s é e

p e t i t n u i t p r e n d r e s t y l o r e g a r d e r

a i m e r b e a u n o i r f ê t e é c o l e q u a n d

●●○ 2. Bringe die Buchstaben in die richtige Reihenfolge.
Wie lautet die Pluralform? → Lösung S. 56

a) r i a t q r e u ___le quartier, les quartiers___

b) l e i l f ______________________

c) r e d i u r a n o t ______________________

d) n o s n a h c ______________________

e) a g u e t â ______________________

f) n c s p e i i ______________________

g) n e f n t a ______________________

●●○ 3. Welches Nomen passt in die Lücke? → Lösung S. 56

téléphone • télévision • musique • film • guitare

a) écouter de la ______________________

b) parler au ______________________

c) regarder un ______________________

d) regarder la ______________________

e) jouer de la ______________________

1 Maskulinum und Femininum

→ Übungen ab S. 52

1. a) euro b) eau c) musée d) cour

2. a) **le** foot b) **la** famille c) **le** jeu d) **le** tennis e) **la** mère f) **le** cadeau g) **la** chanson h) **le** gâteau i) **la** guitare j) **le** père k) **la** rue l) **la** sœur m) **l'**euro n) **la** pomme o) **la** danse p) **la** cuisine q) **la** musique r) **le** frère

3. a) le copain, la copine b) le chanteur, la chanteuse c) le garçon, la fille d) le frère, la sœur e) l'oncle, la tante

2 Singular und Plural

→ Übungen ab S. 53

1. a) des livres b) des chiens c) les chansons d) les frères e) des clés f) les problèmes g) les copains h) des cahiers

2. b) Non, nous avons quatre chats. c) Non, il a deux BD à la maison. d) Non, il prépare deux gâteaux. e) Non, ils ont deux chiens et trois chats. f) Non, elle a deux sœurs. g) Ils ont cinq stylos noirs.

3 Unregelmäßige Pluralformen

→ Übungen ab S. 54

1. a) la chaise, **les chaises** b) l'idée, **les idées** c) **le CD**, les CD d) **la maison**, les maisons e) le gâteau, **les gâteaux** f) le jeu, **les jeux** g) l'animal, **les animaux** h) **le bateau**, les bateaux i) **le mois**, les mois

2. a) Où sont mes **CD**. b) Elle adore les **gâteaux**. c) J'ai fait deux **jeux**. d) Delphine l'a aimé pendant des **mois**. e) Les **enfants** regardent les **animaux**.

4 Gemischte Aufgaben

→ Übungen ab S. 55

1. **sport**adorer**cahier**cherchergrand
manger**crayon**parlerbeau**musée**
petit**nuit**prendre**stylo**regarder
aimerbeaunoir**fête****école**quand

2. b) la fille, les filles c) l'ordinateur, les ordinateurs d) la chanson, les chansons e) le gâteau, les gâteaux f) la piscine, les piscines g) l'enfant, les enfants

3. a) écouter de la **musique** b) parler au **téléphone** c) regarder un **film** d) regarder la **télévision** e) jouer de la **guitare**

Das Adjektiv

1 Maskulinum und Femininum

●○○ 1. Schreibe jeweils die fehlende Form auf. → Lösung S. 64

a) joli ____________________

b) petit ____________________

c) ____________________ grande

d) ____________________ touristique

e) content ____________________

●○○ 2. Ergänze die fehlende Form jetzt auch bei unregelmäßigen Adjektiven. → Lösung S. 64

a) cher ____________________

b) nul ____________________

c) sympa ____________________

d) bon ____________________

●●○ 3. Höre dir den Text genau an und kreuze an: Hast du die männliche oder die weibliche Form des Adjektivs gehört? → Lösung S.64

a) ☐ allemand ☐ allemande
b) ☐ petit ☐ petite
c) ☐ grand ☐ grande
d) ☐ français ☐ française
e) ☐ content ☐ contente

Scanne den QR-Code und höre den Text an.

2 Singular und Plural

●○○ 1. Ergänze die Sätze mit dem passenden Adjektiv im Plural.

→ Lösung S. 64

a) Les gâteaux sont trop ________________ (bon).

b) J'ai deux ________________ (grand) frères.

c) Ces enfants sont ________________ (sympa).

d) Nous avons deux ________________ (petit) chats.

●●○ 2. Setze in den Plural.

→ Lösung S. 64

a) le joli garçon ________________________________

b) la petite fille ________________________________

c) le livre intéressant ________________________________

d) la petite pomme ________________________________

e) le bon film ________________________________

3 Die Stellung des Adjektivs im Satz

●○○ 1. Bringe die Wörter in die richtige Reihenfolge. → Lösung S. 64

a) BD / une / intéressante ______________________

b) jolie / une / ville ______________________

c) contents / des / enfants ______________________

d) élève / un / sympa ______________________

e) bon / souvenir / un ______________________

●○○ 2. Streiche in dieser E-Mail alle Adjektive, die am falschen Platz stehen. → Lösung S. 64

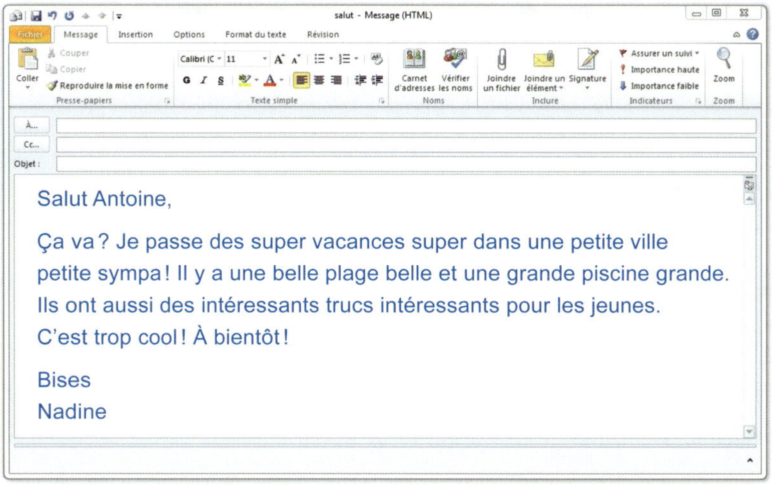
Salut Antoine,

Ça va ? Je passe des super vacances super dans une petite ville petite sympa ! Il y a une belle plage belle et une grande piscine grande. Ils ont aussi des intéressants trucs intéressants pour les jeunes. C'est trop cool ! À bientôt !

Bises
Nadine

●●○ 3. Entscheide, ob das Adjektiv vor oder hinter dem Nomen steht, und trage es in der richtigen Form ein. → Lösung S. 64

a) Ils habitent dans une ____________ maison ____________ . (petite)

b) Sa sœur est une ____________ fille ____________ . (joli)

c) J'ai une ____________ chambre ____________ ! (grand)

d) Alice prépare un ____________ gâteau ____________ . (bon)

e) Elle a une ____________ tante ____________ . (français)

●●○ 4. Was siehst du? Achte auf die Stellung des Adjektivs. → Lösung S. 64

a) Elle a un

____

(petit / petite)

b) J'ai un

____

(noir / noire)

c) Ils cherchent un

____

(intéressant / intéressante)

d) Dans la ville, il y a

un ______________________

(grand / grande)

e) Julie a une

____

(joli / jolie)

f) Nous avons une

____

(génial / géniale)

●●○ 5. Formuliere die Sätze um. Achte auf die Stellung der Adjektive. → Lösung S. 64

a) L'eau est chère.

C'est une eau chère.

b) Notre voiture est noire.

Voilà notre ...

c) Sa grand-mère est géniale.

Il a une ...

d) Son lit est petit.

Elle a un ...

4 Die Farbadjektive

●○○ 1. Trage die passende Farbe im Gitter ein.
Wie heißt das Lösungswort?

→ Lösung S. 65

a)

b)

c)

d)

e)

f)

a) d) f)

b) e) c)

Lösungswort:

●○○ 2. Verbinde die Satzanfänge mit den Satzenden.

→ Lösung S. 65

a) Laure porte une jupe	noires.
b) Tu cherches ton stylo	bleue.
c) Mes chaussures sont	blancs.
d) Je n'aime pas les pantalons	vert ?

●●○ 3. Übersetze ins Französische.

→ Lösung S. 65

a) ein blaues Auto ______________________

b) rote Bücher ______________________

c) eine schwarze Tasche ______________________

d) weiße Hemden ______________________

5 Gemischte Aufgaben

●○○ 1. Ergänze die Sätze mit dem fehlenden Adjektiv.
Achte auf die korrekte Form.

→ Lösung S. 65

a) Pierre est un ____________ garçon. (*joli*)

b) Thomas est ____________ , sa mère aussi est ____________ . (*petit*)

c) Marie est ____________ . (*grand*)

d) Ce film est ________________________ ! (*intéressant*)

e) Les pommes ne sont pas ____________ . (*bon*)

●●○ 2. Fülle die Lücken mit einem der folgenden Adjektive.
Denke an die richtige Form des Adjektivs!

→ Lösung S. 65

cher • allemand • sympa • noir • petit • joli

a) Elle cherche ses stylos __________________ .

b) Leur __________________ appartement est très __________________ .

c) Andrea habite à Berlin. Elle est __________________ .

d) Léo a une copine __________________ .

e) Paris est une __________________ ville.

●●○ 3. Höre genau zu und kreuze an, ob du die männliche oder die weibliche Form des Adjektivs gehört hast.

→ Lösung S. 65

2

a) ☐ contentes ☐ contents

b) ☐ bon ☐ bonne

c) ☐ française ☐ français

d) ☐ petit ☐ petites

e) ☐ intéressante ☐ intéressant

Scanne den QR-Code und höre den Text an.

●●○ 4. Korrigiere die Sätze und schreibe den neuen Satz auf. → Lösung S. 65

a) J'ai une chambre grande. *J'ai une grande chambre.*

b) Le petit garçon joue avec un chien petit.

____

c) C'est une géniale idée !

____

d) Tu as une grand sœur ?

____

e) J'adore le noire chocolat.

____

f) Vacances bons !

____

●●● 5. Übersetze die Sätze. Achte dabei auf die Formen und die Stellung der Adjektive. → Lösung S. 65

a) Er hat interessante Bücher.

____

b) Mein kleines Buch ist in der Küche.

____

c) Seine Brüder sind nett.

____

d) Es ist eine kleine Stadt.

____

e) Die Jungen sind nicht glücklich.

____

f) Paris ist eine hübsche Stadt.

____

g) Seine Söhne sind groß.

____

1 Maskulinum und Femininum

→ Übungen ab S. 57

1. a) jolie b) petite c) grand d) touristique e) contente

2. a) chère b) nulle c) sympa d) bonne

3. a) allemande b) petit c) grande d) français e) contente

   Hörverstehenstext:

   Julia est allemande. • J'ai un petit chien. • Son école est très grande. • Ton corres est français ? • Magalie est très contente.

2 Singular und Plural

→ Übungen ab S. 58

1. a) Les gâteaux sont trop **bons**. b) J'ai deux grands **frères**. c) Ces enfants sont **sympas**. d) Nous avons deux **petits** chats.

2. a) les jolis garçons b) les petites filles c) les livres intéressants d) les petites pommes e) les bons films

3 Die Stellung des Adjektivs

→ Übungen ab S. 59

1. a) une BD intéressante b) une jolie ville c) des enfants contents d) un élève sympa e) un bon souvenir

2. Salut Antoine,
   Ça va ? Je passe des super vacances ~~super~~ dans une
   petite ville ~~petite~~ sympa ! Il y a une belle plage ~~belle~~
   et une grande piscine ~~grande~~. Ils ont aussi des
   ~~intéressants~~ trucs intéressants pour les jeunes.
   C'est trop cool ! À bientôt !
   Bises
   Nadine

3. a) Ils habitent dans une **petite** maison. b) Sa sœur est une **jolie** fille. c) J'ai une **grande** chambre. d) Alice prépare un **bon** gâteau. e) Elle a une tante **française**.

4. a) Elle a un **petit chien**. b) J'ai un **vélo noir**. c) Ils cherchent un **CD intéressant**. d) Dans la ville, il y a un **grand château**. e) Julie a une **jolie chambre**. f) Nous avons une **professeur géniale**.

5. b) Voilà notre **voiture noire**. c) Il a une **grand-mère géniale**. d) Elle a un **petit lit**.

4 Die Farbadjektive

→ Übungen ab S. 61

1.

a)			N	O	I	R
b)		V	E	R	T	
c)		B	L	A	N	C
d)	J	A	U	N	E	
e)	R	O	U	G	E	
f)		B	L	E	U	

Lösungswort:

O	R	A	N	G	E

2. a) Laure porte une jupe bleue. b) Tu cherches ton stylo vert ? c) Mes chaussures sont noires. d) Je n'aime pas les pantalons blancs.

3. a) une voiture bleue b) des livres rouges c) un sac noir d) des chemises blanches

5 Gemischte Aufgaben

→ Übungen ab S. 62

1. a) Pierre est un **joli** garçon. b) Thomas est **petit**, sa mère aussi est petite. c) Marie est **grande**. d) Ce film est **intéressant** ! e) Les pommes ne sont pas **bonnes**.

2. a) Elle cherche ses stylos **noirs**. b) Leur **petit** appartement est très **cher** / **sympa**. c) Andrea habite à Berlin. Elle est **allemande**. d) Léo a une copine **sympa**. e) Paris est une **jolie** ville.

3. a) contents b) bon c) française d) petit e) intéressant

   Hörverstehenstext:

   Sam et Cindy sont dans ma classe. Ils sont très contents aujourd'hui. • À la boulangerie, Valérie a mangé un très bon croissant. • Ma copine française Laura a 12 ans demain. C'est son anniversaire ! • Vous faites le petit exercice dans votre cahier, s'il vous plaît ! • Voilà un film intéressant !

4. b) Le petit garçon joue avec un petit chien. c) C'est une idée géniale ! d) Tu as une grande sœur ? e) J'adore le chocolat noir. f) Bonnes vacances !

5. a) Il a des livres intéressants. b) Mon petit livre est dans la cuisine. c) Ses frères sont sympas ! d) C'est une petite ville. e) Les garçons ne sont pas contents. f) Paris est une jolie ville. g) Ses fils sont grands.

Scanne den QR-Code und höre den Text an.

Das Verb *être* im Präsens

1 *être* im Singular

●○○ 1. *Es* oder *est*: Ergänze mit der passenden Form. → Lösung S. 70

a) Il ____________ huit heures.

b) Tu ____________ contente ?

c) C' ____________ bien !

d) Est-ce que tu ____________ là aujourd'hui ?

e) Elle ____________ sympa.

f) Et toi, tu ____________ d'accord ?

●●○ 2. Schreibe die Sätze um.
Achte auf den neuen Satzanfang. → Lösung S. 70

a) Je suis grand.

Pierre est grand.

b) Je suis sympa.

Paul ____________

c) Tu es Karine.

Elle ____________

d) Il est de Paris.

Tu ____________

e) Mme Corantin est à Berlin.

Je ____________

f) Suzanne est française.

Tu ____________

●●○ 3. Welches Subjekt passt in die Lücken? Trage es ein. Lösung S. 70

mon frère • tu • Valérie • je

a) ______________________ est petit.

b) ______________________ suis jolie !

c) ______________________ est contente.

d) Est-ce que ______________________ es là ?

e) ______________________ ne suis pas de Paris.

f) ______________________ es au collège Balzac.

●●○ 4. In den kleinen Dialogen fehlen die Verben.
Ergänze mit der passenden Form von *être*. Lösung S. 70

a) – Salut ! Moi, je ___________ Sophie, et toi ?

– Moi, je ___________ Coraline.

b) – Et lui, c' ___________ M. Dupont ?

– Non ! C' ___________ M. Valeraud !

– Ah. M. Valeraud ! Il ___________ professeur !

c) – Ella ___________ très sympa !

– Comme toi ! Tu ___________ aussi une fille géniale !

d) – Tu ___________ de Munich ?

– Non, moi, je ___________ de Berlin. Et toi, tu ___________ de Munich ?

– Non, je ne ___________ pas de Munich, je ___________ de Düsseldorf. Lucie, elle, elle ___________ de Munich.

2 *être* im Plural

●○○ 1. Kreuze die Plural-Formen von *être* an. → Lösung S. 70

a) ☐ sommes ☐ son ☐ avons
b) ☐ et ☐ êtes ☐ ont
c) ☐ vont ☐ ont ☐ sont

●●○ 2. Fülle die Lücken mit der richtigen Form von *être*. → Lösung S. 70

a) Les chaises ______________ dans la classe.

b) Ces garçons ______________ sympas.

c) Vous ______________ où ?

d) Ils ne ______________ pas là.

e) Est-ce qu'elles ______________ en France ?

●●○ 3. Setze die Sätze in den Plural.
Beginne immer mit dem vorgeschlagenen Subjekt.
Achte dabei auf die Verbformen! → Lösung S. 70

a) Il est grand.

Ses enfants ______________________________

b) C'est très bon !

Les gâteaux ______________________________

c) Claire est à l'école.

Elles ______________________________

d) Il est à Hambourg.

Marin et Léo ______________________________

3 Gemischte Aufgaben

●●○ 1. Setze die passende Verbform von *être* ein. → Lösung S. 70

a) Est-ce que Jean et Julie ______________ au café ?

b) Vous ______________ au collège ?

c) C' ______________ une fille !

d) Je ______________ ici.

e) Pourquoi tu n' ______________ pas en cinquième ?

f) Nous ______________ allemands.

●●● 2. Übersetze die Sätze ins Französische. → Lösung S. 70

a) Ich bin zufrieden.

____

b) Heute ist Jean bei Sophie.

____

c) Fabienne und Delphine sind in der Krankenstation.

____

d) Die CD ist super!

____

d) Wir sind nicht aus Lyon.

____

e) Meine Familie ist cool.

____

f) Wo seid ihr?

____

1 *être* im Singular

→ Übungen ab S. 66

1. a) Il **est** huit heures. b) Tu **es** contente ? c) C'**est** bien ! d) Est-ce que tu **es** là aujourd'hui ? e) Elle **est** sympa. f) Et toi, tu **es** d'accord ?

2. b) Paul **est sympa**. c) Elle **est Karine**. d) Tu **es de Paris**. e) Je **suis à Berlin**. f) Tu **es française**.

3. a) **Mon frère** est petit. b) **Je** suis jolie ! c) **Valérie** est contente. d) Est-ce que **tu** es là ? e) **Je** ne suis pas de Paris. f) **Tu** es au collège Balzac.

4. a) - Salut ! Moi, je **suis** Sophie, et toi ?
   - Moi, je **suis** Coraline.

   b) - Et lui, c'**est** M. Dupont ?
   - Non ! C'**est** M. Valeraud !
   - Ah. M. Valeraud ! Il **est** professeur !

   c) - Ella **est** très sympa !
   - Comme toi ! Tu **es** aussi une fille géniale !

   d) - Tu **es** de Munich ?
   - Non, moi, je **suis** de Berlin. Et toi, tu **es** de Munich ?
   - Non, je ne **suis** pas de Munich, je **suis** de Düsseldorf. Lucie, elle, elle **est** de Munich.

2 *être* im Plural

→ Übungen ab S. 68

1. a) sommes b) êtes c) sont

2. a) Les chaises **sont** dans la classe. b) Ces garçons **sont** sympas. c) Vous **êtes** où ? d) Ils ne **sont** pas là. e) Est-ce qu'elles **sont** en France ?

3. a) Ses enfants **sont grands**. b) Les gâteaux **sont très bons**. c) Elles **sont à l'école**. d) Marin et Léo **sont à Hambourg**.

3 Gemischte Aufgaben

→ Übungen ab S. 69

1. a) Est-ce que Jean et Julie **sont** au café ? b) Vous **êtes** au collège ? c) C'**est** une fille ! d) Je **suis** ici. e) Pourquoi tu n'**es** pas en cinquième ? f) Nous **sommes** allemands.

2. a) Je suis content / contente. b) Aujourd'hui, Jean est chez Sophie. / Jean est chez Sophie aujourd'hui. c) Fabienne et Delphine sont à l'infirmerie. d) Le CD est super ! e) Nous ne sommes pas de Lyon. f) Ma famille est cool. g) Vous êtes où ?

Das Verb *avoir* im Präsens

1 *avoir* im Singular

●○○ 1. Verbinde die zusammengehörenden Satzteile. → Lösung S. 75

a) Ma sœur — ai une photo de Tom !
b) J' — as ton livre ?
c) Marie — a 13 ans.
d) Est-ce que tu — a un frère et une sœur.

●○○ 2. Ergänze mit der passenden Form.
Du benötigst: *ai, as* oder *a*: → Lösung S. 75

a) J'____________ faim.

b) Théo ____________ deux chats.

c) Ma copine ____________ 15 ans.

d) Est-ce que tu ____________ mon CD ?

e) Tu ____________ tes exercices ?

●●○ 3. Verwechslungsgefahr! Fülle die Lücken mit *a* oder *à*. → Lösung S. 75

a) Lucie est ______ New York.

b) M. Julin ______ son livre.

c) Il n'______ pas son cahier aujourd'hui.

d) C'est ______ huit heures.

e) Elle ______ deux maisons.

f) Carole habite ______ Lyon.

●●○ 4. Leider hat Corinne in ihrer E-Mail die Akzente auf dem Wörtchen „a" vergessen. Trage sie ein, wo es nötig ist.

→ Lösung S. 75

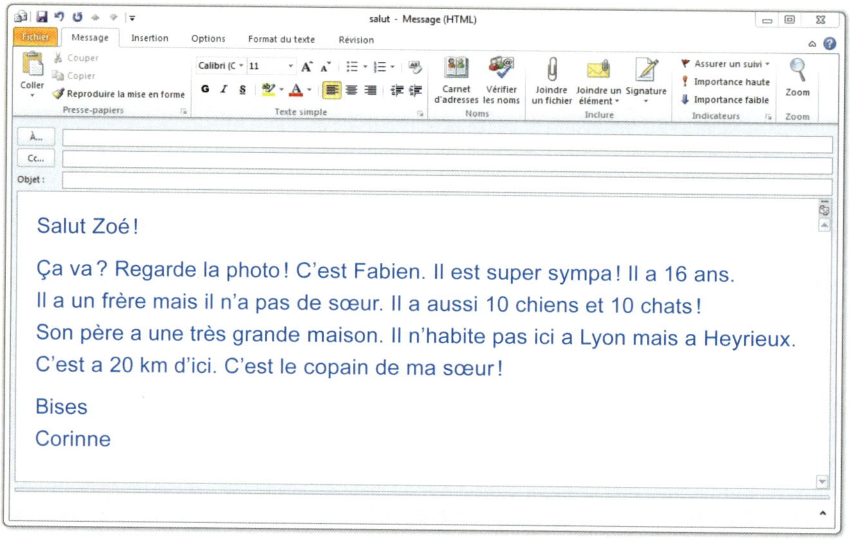

Salut Zoé !

Ça va ? Regarde la photo ! C'est Fabien. Il est super sympa ! Il a 16 ans.
Il a un frère mais il n'a pas de sœur. Il a aussi 10 chiens et 10 chats !
Son père a une très grande maison. Il n'habite pas ici a Lyon mais a Heyrieux.
C'est a 20 km d'ici. C'est le copain de ma sœur !

Bises
Corinne

●●○ 5. Was kannst du in solchen Situationen sagen oder fragen? Verbinde.

→ Lösung S. 75

a) Wenn du Hunger hast …

b) Wenn du Durst hast …

c) Wenn du einen Freund nach dem Alter fragst …

d) Wenn du einen Freund nach Haustieren fragst …

e) Wenn du dein Alter sagst …

f) Wenn du einen Freund nach Geschwistern fragst …

J'ai soif.

J'ai 13 ans.

J'ai faim.

Tu as des frères et sœurs ?

Tu as quel âge ?

Tu as un chat ou un chien ?

2 *avoir* im Plural

●○○ 1. Notiere die drei Formen von *avoir* im Plural mit ihren Personalpronomen. → Lösung S. 75

____

____

____

●○○ 2. Ergänze mit der passenden Form von *avoir* im Plural. → Lösung S. 75

a) Est-ce qu'ils __________ des devoirs ?

b) Nous __________ français maintenant.

c) Elles n'__________ pas de chats.

d) Vous __________ 15 ans.

e) Ils __________ un cadeau pour Steffi.

f) Nous __________ trois ordinateurs.

●●● 3. Übersetze ins Französische. → Lösung S. 75

a) Sie haben einen Hund.

____

b) Habt ihr einen schwarzen Stift?

____

c) Valentino und Max haben zwei Brüder und eine Schwester.

____

d) Wir haben ein Problem.

____

e) Sie sind elf Jahre alt.

____

3 Gemischte Aufgaben

●●○ 1. Bilde sinnvolle Sätze.
Achte dabei auf die Verbformen!

→ Lösung S. 75

a) Isabelle / question / une / avoir

Isabelle a une question.

b) un / avoir / Pascal / vélo

___

c) avoir / un / ils / frère

___

d) avoir / oncles / ans / mes / vingt

___

e) une / je / bonne / avoir / idée

___

f) DVD / nous / le / avoir / ne / pas

___

g) ne / tu / sœur / avoir / pas / de

___

●●○ 2. *Ont* oder *sont*: Ergänze die Sätze.

→ Lösung S. 75

a) Mes parents ___ au théâtre.

b) Ils ___ 18 ans !

c) Ils n'___ pas leurs stylos.

d) Est-ce qu'ils ___ là ?

e) Ils ___ une surprise pour nous.

f) Elles ___ contentes !

1 *avoir* im Singular

Übungen ab S. 71

1. b) J'ai une photo de Tom ! c) Marie a un frère et une sœur. d) Est-ce que tu as ton livre ?

2. a) J'**ai** faim. b) Théo **a** deux chats. c) Ma copine **a** 15 ans. d) Est-ce que tu **as** mon CD ? e) Tu **as** tes exercices ?

3. a) Lucie est **à** New York. b) M. Julin **a** son livre. c) Il n'**a** pas son cahier aujourd'hui. d) C'est **à** huit heures. e) Elle **a** deux maisons. f) Carole habite **à** Lyon.

4. Salut Zoé !

   Ça va ?
   Regarde la photo ! C'est Fabien. Il est super sympa !
   Il **a** 16 ans. Il **a** un frère mais il n'**a** pas de sœur.
   Il **a** aussi 10 chiens et 10 chats !
   Son père **a** une très grande maison. Il n'habite pas ici **à** Lyon
   mais **à** Heyrieux. C'est **à** 20 km d'ici.
   C'est le copain de ma sœur !

   Bises
   Corinne

5. a) J'ai faim. b) J'ai soif. c) Tu as quel âge ? d) Tu as un chat ou un chien ? e) J'ai 13 ans. f) Tu as des frères et sœurs ?

2 *avoir* im Plural

Übungen ab S. 73

1. nous avons, vous avez, ils/elles ont

2. a) Est-ce qu'ils **ont** des devoirs ? b) Nous **avons** français maintenant. c) Elles n'**ont** pas de chats. d) Vous **avez** 15 ans. e) Ils **ont** un cadeau pour Steffi. f) Nous **avons** trois ordinateurs.

3. a) Ils ont un chien. b) Vous avez un stylo noir ? c) Valentino et Max ont deux frères et une sœur. d) Nous avons un problème. e) Ils/Elles ont onze ans.

3 Gemischte Aufgaben

Übungen ab S. 74

1. b) Pascal a un vélo. c) Ils ont un frère. d) Mes oncles ont vingt ans. e) J'ai une bonne idée. f) Nous n'avons pas le DVD. g) Tu n'as pas de sœur.

2. a) Mes parents **sont** au théâtre. b) Ils **ont** 18 ans ! c) Ils n'**ont** pas leurs stylos. d) Est-ce qu'ils **sont** là ? e) Ils **ont** une surprise pour nous. f) Elles **sont** contentes !

Verben auf *-er*

1 Regelmäßige Konjugation

●○○ 1. Verbinde jedes Pronomen mit dem passenden Verb. → Lösung S. 81

a) elle	regardes
b) vous	travaillent
c) j'	cherchez
d) ils	restons
e) nous	téléphone
f) tu	arrive

●○○ 2. Lies die Beispiele laut vor. Bei welcher Form hörst du die Endung [e], bei welcher hörst du die Endung nicht? Trage sie in der Tabelle ein. → Lösung S. 81

je reste • tu arrives • ils cherchent • vous regardez • j'aime • elle trouve • vous parlez • elles mangent • tu restes

Endung [e]	Endung [-]

●○○ 3. Welches Subjekt passt in die Lücken? → Lösung S. 81

les garçons • tu • vous • je • nous

a) ________________ téléphone à Karine !

b) ________________ jouent au foot.

c) ________________ regardes la télévision ?

d) ________________ travaillons demain.

e) ________________ cherchez la salle de classe ?

●○○ 4. Trage die passende Endung ein. → Lösung S. 81

a) Ils aim________ les chats.

b) Nous demand________ au professeur.

c) Tu trouv________ ton exercice ?

d) Vous cherch________ une boulangerie ?

e) Je dans________ et je chant________ .

f) Elle regard________ son frère.

g) On arriv________ à huit heures.

●○○ 5. Höre genau zu. Kreuze die richtige Verbform an. → Lösung S. 81

3

a) ☐ trouves ☐ trouve

b) ☐ demande ☐ demandent

c) ☐ écoutes ☐ écoutent

d) ☐ aimons ☐ aiment

e) ☐ habite ☐ habites

f) ☐ jouez ☐ joues

g) ☐ aimes ☐ aiment

Scanne den QR-Code
und höre den Text an.

●●○ 6. Setze die richtige Verbform ein.
Verwende die in Klammern stehenden Verben. → Lösung S. 81

a) Tu ______________ le film ? (*aimer*)

b) Je ______________ à ma mère. (*téléphoner*)

c) Nous ______________ à trois heures. (*arriver*)

d) Vous ______________ allemand ? (*parler*)

e) Ils ______________ un DVD. (*regarder*)

f) Tu ______________ le chien ? (*chercher*)

g) Pierre ne ______________ pas ! (*travailler*)

h) Ses parents ______________ une maison. (*chercher*)

i) Tu ______________ avec moi ? (*jouer*)

●●○ 7. Setze die Sätze in den Plural bzw. in den Singular. → Lösung S. 81

a) Je reste à la maison.

Nous restons à la maison.

b) Tu aimes les BD ?

Vous ______________

c) Ils cherchent le CD.

____

d) Elle écoute de la musique.

____

e) Vous chantez bien !

____

f) Nous jouons de la guitare.

____

●●○ 8. Bilde sinnvolle Sätze.
Achte dabei auf die Verbformen! → Lösung S. 81

a) ils / travailler / beaucoup

Ils travaillent beaucoup.

b) les / la / élèves / regarder / BD

____

c) je / frère / chercher / mon

____

d) adorer / nous / sport / le

____

e) vous / les / aimer / pommes / ?

____

f) regarder / la / tu / télévision

____

●●● 9. Übersetze diese Sätze ins Französische. → Lösung S. 81

a) Sie sucht ihre Mutter.

____

b) Wir reden viel.

____

c) Sophie und Marc lieben die Musik.

____

d) Du fragst deinen Vater.

____

e) Ich schaue das Buch an.

____

2 Besonderheiten bei Verben auf *-er*

●○○ 1. In der Buchstabenschlange haben sich sechs Verbformen im Präsens versteckt. Kreise sie ein. → Lösung S. 81

a c h è t e n t e e r i e n a p p e l l e k a c o m m e n c e n t
b o u g e n t h i a s s p a i e s c h a d g w l q i r h e f a c p r
e n t m c h s d d q w i o m a n g e o n s e d p f n k o o u t h

●○○ 2. Wie lautet der Infinitiv der Verben aus Übung 1? → Lösung S. 81

________________ ________________

________________ ________________

________________ ________________

●●○ 3. Setze das Verb in die richtige Form. → Lösung S. 81

a) acheter tu ________________

b) commencer nous ________________

c) s'appeler je m' ________________

d) payer ils ________________

●●○ 4. Übersetze. → Lösung S. 81

a) sie zahlt ________________

b) wir bewegen uns ________________

c) sie heißt ________________

d) sie kaufen ________________

e) wir essen ________________

1 Regelmäßige Konjugation

→ Übungen ab S. 76

1. b) vous **cherchez** c) j'**arrive** d) ils **travaillent** e) nous **restons** f) tu **regardes**

2. Endung [e]: vous regardez, vous parlez
   Endung [-]: je reste, tu arrives, ils cherchent, j'aime, elle trouve, elles mangent, tu restes

3. a) **Je** téléphone à Karine ! b) **Les garçons** jouent au foot. c) **Tu** regardes la télévision ? d) **Nous** travaillons demain. e) **Vous** cherchez la salle de classe ?

4. a) Ils aim**ent** les chats. b) Nous demand**ons** au professeur. c) Tu trouv**es** ton exercice ? d) Vous cherch**ez** une boulangerie ? e) Je dans**e** et je chant**e**. f) Elle regard**e** son frère. g) On arriv**e** à huit heures.

5. a) trouves b) demande c) écoutent d) aimons e) habites f) jouez g) aimes

   3

   Hörverstehenstext:

   Est-ce que tu trouves la chanson ? • Marie demande à son père. • Ils écoutent une chanson. • Nous aimons beaucoup la France. • Tu habites ici ? • Vous jouez le lundi ? • Est-ce que tu aimes le foot ?

6. a) Tu **aimes** le film ? b) Je **téléphone** à ma mère. c) Nous **arrivons** à trois heures. d) Vous **parlez** allemand ? e) Ils **regardent** un DVD ? f) Tu **cherches** le chien ? g) Pierre ne **travaille** pas ! h) Ses parents **cherchent** une maison. i) Tu **joues** avec moi ?

7. b) Vous aimez les BD ? c) Il cherche le CD. d) Elles écoutent de la musique. e) Tu chantes bien ! f) Je joue de la guitare.

8. b) Les élèves regardent la BD. c) Je cherche mon frère. d) Nous adorons le sport. e) Vous aimez les pommes ? f) Tu regardes la télévision.

9. a) Elle cherche sa mère. b) Nous parlons beaucoup. c) Sophie et Marc aiment la musique. d) Tu demandes à ton père. e) Je regarde le livre.

2 Besonderheiten bei Verben auf *-er*

→ Übungen ab S. 80

1. **achètent**eerien**appelle**ka**commencent**
   bougenthiass**paie**schadgwlqirhefacpr
   entmchsddqwio**mangeons**edpfnkoouth

2. acheter, appeler, commencer, bouger, payer, manger

3. a) tu **achètes** b) nous **commençons** c) je m'**appelle** d) ils **paient**

4. a) elle paie b) nous bougeons c) elle s'appelle d) ils / elles achètent e) nous mangeons

Scanne den QR-Code und höre den Text an.

Verben auf *-re*

1 Das Verb *prendre*

●○○ 1. Bringe die Buchstaben in die richtige Reihenfolge. Du findest eine Form des Verbs *prendre*. Schreibe sie zusammen mit ihrem Personalpronomen auf.

→ Lösung S. 87

a) e r p d n ______________________

b) r z n p e e ______________________

c) n n n e e p r t ______________________

d) s n o n e r p ______________________

●●○ 2. Fülle die Lücken mit der richtigen Form von *prendre*.

→ Lösung S. 87

a) Je ne ____________ pas d'eau.

b) Vous ____________ le DVD ?

c) Ils ____________ leurs vélos.

d) Tu ____________ le chien ?

e) Les élèves ____________ leurs livres.

f) Mme Brégon ____________ son ordinateur.

g) Elle ____________ des cours de danse.

h) Vous ____________ votre chat ?

i) On ____________ ce CD ?

2 Regelmäßige Konjugation der Verben auf *-dre*

●○○ 1. Trage die fehlenden Verbformen von *attendre* und *entendre* in die Tabelle ein.

→ Lösung S. 87

attendre	entendre
j'attends	j'
tu	tu entends
il / elle / on	il / elle / on
nous	nous
vous	vous entendez
ils / elles attendent	ils / elles
dtsch. warten	dtsch.

●●○ 2. *Attendre* oder *entendre*? Welches Verb passt hier? Setze das richtige Verb in der passenden Verbform ein.

→ Lösung S. 87

a) J' ____________________ devant l'école.

b) Il ____________________ sa copine ?

c) La radio est trop fort. Paul ne m' ____________________ pas.

d) Est-ce que tu ____________________ Manuel et Claire devant le collège ?

e) Nous n' ____________________ pas le professeur !

f) Ils ____________________ de la musique.

g) Vous ____________________ là !

h) Il est trop tard. Je n' ____________________ plus !

3 Die Verben *mettre, lire, écrire*

●●○ 1. Setze die richtige Verbform ein. → Lösung S. 87

a) Je ________________ un pull aujourd'hui. (*mettre*)

b) Elle ________________ à Pauline. (*écrire*)

c) Vous ________________ l'eau sur la table, s'il vous plaît ! (*mettre*)

d) Mes parents ________________ le journal le matin. (*lire*)

●●○ 2. Trage die fehlende Verbform der Verben *lire*, *écrire* und *mettre* im Wortgitter ein. Wie lautet das Lösungswort? → Lösung S. 87

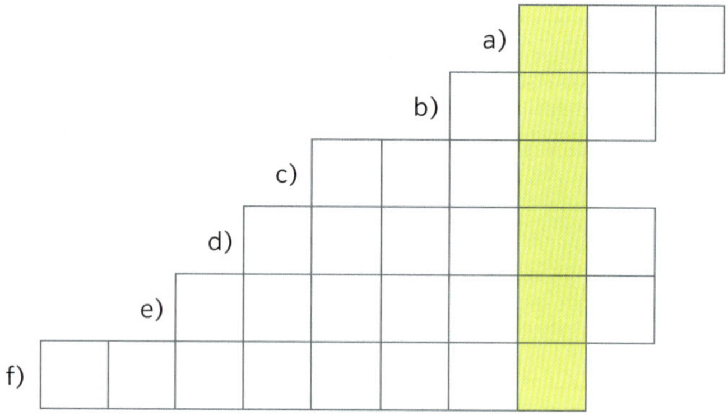

Lösungswort: ils/elles ______

a) Delphine ________________ un livre intéressant.

b) Tu ________________ beaucoup.

c) Je ________________ un t-shirt.

d) Vous ________________ une robe ?

e) Nous le ________________ sur la table.

f) Elles n'________________ pas.

4 Die Verben *dire* und *boire*

●○○ 1. Welche Verbform gehört zu welchem Personalpronomen? Trage den Buchstaben vor dem Verb in die Tabelle ein.

→ Lösung S. 87

D boivent **F** disons **E** boit

A buvez **C** dit **B** bois

G buvons **H** dites **I** dis

a) je	b) tu	c) il/elle/on	d) nous	e) vous	f) ils/elles

●●○ 2. Wie lauten die Formen auf Französisch?

→ Lösung S. 87

a) ich trinke ____________________

b) er sagt ____________________

c) sie sagen ____________________

d) wir trinken ____________________

e) du sagst ____________________

f) ich sage ____________________

g) er trinkt ____________________

h) ihr trinkt ____________________

5 Gemischte Aufgaben

●○○ 1. Kreuze die richtige Verbform an. → Lösung S. 87

a) Elle ______________ à son père.

☐ écrit ☐ met

b) Vous ______________ un pull ?

☐ mettons ☐ mettez

c) Marcello et Arabella ______________ un bon livre.

☐ travaillent ☐ lisent

d) Oui, merci, je ______________ de l'eau.

☐ lis ☐ prends

e) Il ______________ avec son crayon.

☐ écrit ☐ lit

●●○ 2. Übersetze diese Sätze ins Französische. → Lösung S. 87

a) Sie schreibt eine Liste.

____

b) Er legt sein Heft auf den Tisch.

____

c) Was schreibst du?

____

d) Ich nehme Äpfel.

____

1 Das Verb *prendre*

Übungen ab S. 82

1. a) il / elle / on prend b) vous prenez c) ils / elles prennent d) nous prenons
2. a) Je ne **prends** pas d'eau. b) Vous **prenez** le DVD ? c) Ils **prennent** leurs vélos. d) Tu **prends** le chien ? e) Les élèves **prennent** leurs livres.
   f) Mme Brégon **prend** son ordinateur. g) Elle **prend** des cours de danse.
   h) Vous **prenez** votre chat ? i) On **prend** ce CD ?

2 Regelmäßige Konjugation der Verben auf *-dre*

Übungen ab S. 83

1. attendre : j'attends, tu **attends**, il / elle / on **attend**,
   nous **attendons**, vous **attendez**, ils / elles attendent,
   dtsch. warten
   entendre : j'**entends**, tu entends, il / elle / on **entend**,
   nous **entendons**, vous entendez, ils / elles **entendent**,
   dtsch. **hören**
2. a) J'**attends** devant l'école. b) Il **attend** sa copine ? c) La radio est trop fort. Paul ne m'**entend** pas. d) Est-ce que tu **attends** Manuel et Claire devant le collège ? e) Nous n'**entendons** pas le professeur ! f) Ils **entendent** de la musique. g) Vous **attendez** là ! h) Il est trop tard. Je n'**attends** plus !

3 Die Verben *mettre, lire, écrire*

Übungen ab S. 84

1. a) Je **mets** un pull aujourd'hui. b) Elle **écrit** à Pauline. c) Vous **mettez** l'eau sur la table, s'il vous plaît ! d) Mes parents **lisent** le journal le matin.
2. a) Delphine **lit** un livre intéressant. b) Tu **lis** beaucoup. c) Je **mets** un t-shirt. d) Vous **mettez** une robe ? e) Nous le **mettons** sur la table. f) Elles n'**écrivent** pas.
   Lösungswort: ils / elles **lisent**

4 Die Verben *dire* und *boire*

Übungen ab S. 85

1. a) B, I b) A, H c) B, I d) D e) F, G f) C, E
2. a) je bois b) il dit c) vous dites d) nous buvons e) tu dis f) je dis g) il boit h) vous buvez

5 Gemischte Aufgaben

Übungen ab S. 86

1. a) Elle **écrit** à son père. b) Vous **mettez** un pull ? c) Marcello et Arabella **lisent** un bon livre. d) Oui, merci, je **prends** de l'eau. e) Il **écrit** avec son crayon.
2. a) Elle écrit une liste. b) Il met son cahier sur la table. c) Qu'est-ce que tu écris ? d) Je prends des pommes.

Verben auf *-ir*

1 Regelmäßige Konjugation

●○○ 1. Verbinde die zusammengehörenden Satzteile. → Lösung S. 92

a) Tu	pars à Toulouse.
b) Vous	partons dans deux jours.
c) Elle	dorment chez Paul.
d) Patrick et Stéphane	dors encore ?
e) Je	sort avec Florent.
f) Nous	partez quand ?

●●○ 2. Ordne den Fotos das passende Verb zu.
Schreibe die passende Verbform auf. → Lösung S. 92

dormir • sortir • partir

a) il ______________ b) tu ______________ c) nous ______________

●●○ 3. Übersetze ins Französische. → Lösung S. 92

a) ich schlafe ______________________

b) du gehst aus ______________________

c) sie gehen weg ______________________

●●○ 4. *Part*, *sort* oder *dort*: Ergänze die Sätze. → Lösung S. 92

a) Il ________________ quand en France ?

b) Maria ________________ dans la cour.

c) Tom ________________ à 7 heures à l'école.

d) Ce matin, Nathalie ________________ jusqu'à 10 heures.

e) Regarde ! Le chat ________________ dans mon lit !

●●○ 5. Höre genau zu. Wie schreibst du die Verbform, die du hörst? Kreuze die richtige Verbform an. → Lösung S. 92

4

a) ☐ sort ☐ sors
b) ☐ dors ☐ dort
c) ☐ part ☐ partent
d) ☐ sortent ☐ sort
e) ☐ pars ☐ part

●●● 6. Bilde aus den Wörtern einen richtigen Satz. Achtung! Manchmal musst du noch Wörter ergänzen. → Lösung S. 92

a) elle / dormir / lit ________________________________

b) il / sortir / soir ________________________________

c) nous / partir / demain ________________________________

____

d) aujourd'hui / je / dormir ________________________________

e) ils / sortir / ensemble ________________________________

____

f) elles / dormir / beaucoup ________________________________

Scanne den QR-Code
und höre den Text an.

2 Unregelmäßige Verben auf *-ir*

●○○ 1. Drei unregelmäßige Verben auf *-ir* versteckt haben sich hier versteckt. Kreise ein. → Lösung S. 92

f o t o m b e c c h e r c h e o u b o u v r e s p a t s b d f i

s o n t d i w s o m m e s e v o y o n s b e n e n d v i e n t

●○○ 2. Trage die fehlenden Verbformen von *venir, voir* und *ouvrir* und die deutsche Bedeutung in die Tabelle ein. → Lösung S. 92

venir	voir	ouvrir
je *viens*	je	j'*ouvre*
tu	tu *vois*	tu *ouvres*
il / elle / on	il / elle / on	il / elle / on
nous *venons*	nous	nous *ouvrons*
vous	vous *voyez*	vous
ils / elles *viennent*	ils / elles	ils / elles
dtsch. *kommen*	dtsch.	dtsch.

●●○ 3. Übersetze ins Französische. → Lösung S. 92

a) ich öffne ______________________

b) wir sehen ______________________

c) sie kommt ______________________

d) sie öffnen ______________________

e) ich sehe ______________________

f) sie kommen ______________________

●●○ 4. Kreuze die richtige Antwort auf die Fragen an. → Lösung S. 92

a) Ils sont déjà là ?
- ☐ Non, ils viennent demain.
- ☐ Non, c'est là-bas !

b) Il arrive à 6 heures ?
- ☐ Non, ils viennent à 7 heures.
- ☐ Oui, il vient le matin.

c) Qu'est-ce que tu vois ?
- ☐ Les montagnes !
- ☐ Ils voient la mer.

d) Tu ouvres, s'il te plaît ?
- ☐ La porte ?
- ☐ Qui est là ?

e) Tu peux m'aider ?
- ☐ Pour ouvrir la bouteille ?
- ☐ Pour pouvoir aider ?

f) Vous voyez le bateau sur la photo ?
- ☐ Je vois la photo.
- ☐ Je ne le vois pas.

g) Tu viens ?
- ☐ Elle arrive !
- ☐ Attends, j'arrive !

h) Leur fils voit bien ?
- ☐ Leur fils ? Oui.
- ☐ Il le voit.

●●○ 5. Bilde sinnvolle Sätze. Achte dabei auf die Verbformen! → Lösung S. 92

a) page 13 / livre / ouvrir / vous / à / le / la

____

b) Annabel / voir / et / porte / la / le / ouvrir / professeur

____

c) est-ce / quand / tu / que / venir / ?

____

d) venir / il / chez / samedi / toi / ?

____

1 Regelmäßige Konjugation

→ Übungen ab S. 88

1. a) Patrick et Stéphane dorment chez Paul. b) Vous partez quand ? c) Elle sort avec Florent. d) Tu dors encore ? e) Je pars à Toulouse. f) Nous partons dans deux jours.

2. a) il dort b) tu pars c) nous sortons

3. a) je dors b) tu sors c) ils / elles partent

4. a) Il **part** quand en France ? b) Maria **sort** dans la cour. c) Tom **part** à 7 heures à l'école. d) Ce matin, Nathalie **dort** jusqu'à 10 heures. e) Regarde ! Le chat **dort** dans mon lit !

5. a) sors b) dort c) partent d) sortent e) pars

   Hörverstehenstext:

   Je sors à deux heures aujourd'hui. • Il est 11 h. Il ne dort pas ! • Lundi, ils partent en vacances. • Ils ont téléphoné. Ils sortent ce soir. • Tu pars à quelle heure ?

6. a) Elle dort dans son lit. b) Il sort le / ce soir. c) Nous partons demain. d) Aujourd'hui, je dors. e) Ils sortent ensemble. f) Elles dorment beaucoup.

2 Unregelmäßige Verben auf -*ir*

→ Übungen ab S. 90

1. f o t o m b e c c h e r c h e o u b **o u v r e s** p a t s b d f i
   s o n t d i w s o m m e s e **v o y o n s** b e n e n d **v i e n t**

2.

venir	voir	ouvrir
je viens	je **vois**	j'ouvre
tu **viens**	tu vois	tu ouvres
il / elle / on **vient**	il / elle / on **voit**	il / elle / on **ouvre**
nous venons	nous **voyons**	nous ouvrons
vous **venez**	vous voyez	vous **ouvrez**
ils / elles viennent	ils / elles **voient**	ils / elles **ouvrent**
dtsch. kommen	dtsch. **sehen**	dtsch. **öffnen**

3. a) j'ouvre b) nous voyons c) elle vient d) ils / elles ouvrent e) je vois f) ils / elles viennent

4. a) Non, ils viennent demain. b) Oui, il vient le matin. c) Les montagnes ! d) La porte ? e) Pour ouvrir la bouteille ? f) Je ne le vois pas. g) Attends, j'arrive ! h) Leur fils ? Oui.

5. a) Vous ouvrez le livre à la page 13. b) Le professeur ouvre la porte et voit Annabel. c) Quand est-ce que tu viens ? d) Il vient chez toi samedi ?

Scanne den QR-Code und höre den Text an.

Besondere unregelmäßige Verben

1 Das Verb *faire*

●○○ 1. In der Buchstabenschlange haben sich alle sechs Formen des Verbs *faire* versteckt. Kreise sie ein. Vorsicht! Sie sind nicht in der richtigen Reihenfolge! → Lösung S. 99

f a i p w d p n n f a i s o n s o t b a l f a i s f o n t k u s a p

h i f a i t e s s r o f a i s h a i r h e s o f a c o f a i t t e r m e

●○○ 2. Trage die passende Form von *faire* ein. → Lösung S. 99

je ______________________

tu ______________________

il / elle / on ________________

nous ____________________

vous ____________________

ils / elles __________________

●●○ 3. Ergänze mit der passenden Verbform von *faire*. → Lösung S. 99

a) Qu'est-ce que tu ________________ ?

b) Il ________________ de la guitare.

c) Tu ________________ du foot ?

d) Je ne ________________ pas de gâteau.

e) Vous ________________ du sport.

f) Ils ________________ de l'athlétisme.

●●○ 4. Welcher Ausdruck passt hier? Ergänze die Sätze. Konjugiere das Verb und gib die deutsche Bedeutung an!

→ Lösung S. 99

faire du foot • faire de la guitare • faire les exercices • faire une surprise • faire de l'athlétisme • faire du théâtre

a) *Tu fais du théâtre.*
Du spielst Theater.

b) *Nous* ____________

c) *Elle lui* ____________

d) *Elles* ____________

e) *Je* ____________

f) *Vous* ____________

2 Das Verb *aller*

●○○ 1. Kreuze alle Formen von *aller* an. → Lösung S. 99

a)	☐ vais	☐ vite	☐ va
b)	☐ vélo	☐ vas	☐ vont
c)	☐ alors	☐ allons	☐ allez

●○○ 2. Verbinde die passenden Satzelemente. → Lösung S. 99

a) Marc	allons à la boulangerie.
b) Nous	va pas rester !
c) Quand est-ce que tu	va à Paris.
d) Aujourd'hui, je	allez où ?
e) Charles ne	vais à pied à l'école.
f) Pourquoi ils	vont à Hambourg ?
g) Vous	vas arriver ?

●●○ 3. Fülle die Lücke mit der passsenden Form von *aller*. → Lösung S. 99

a) Mme Valud ____________________ au bureau.

b) Le chanteur ne ____________________ pas chanter aujourd'hui.

c) Où est ce qu'ils ____________________ ?

d) Nous ____________________ au collège.

e) Tu ____________________ commencer ?

f) Béa, Léo et Théo ____________________ à la piscine.

g) Je ne ____________________ pas à Berlin.

●○○ 4. Höre genau zu. Kreuze die Formen von *aller* an, die du hörst. Achte auf die Schreibung!

→ Lösung S. 99

5

a) ☐ vas ☐ va

b) ☐ va ☐ vas

c) ☐ vas ☐ vais

d) ☐ vas ☐ va

e) ☐ vas ☐ vais

f) ☐ vais ☐ va

g) ☐ allez ☐ allons

●●● 5. Übersetze ins Französische.

→ Lösung S. 99

a) Er geht in die Bäckerei.

____

b) Wir gehen in die Schule.

____

c) Anna geht zu Jana.

____

d) Wie geht's euch?

____

e) Ich gehe in mein Zimmer.

____

f) Geht ihr nicht in die Kantine?

____

g) Am Montag fahren Hugo und Maria nach Paris.

____

3 Die Verben *vouloir, pouvoir*

●●○ 1. Höre genau zu und kreuze an. Welche Verbform passt in den Satz, den du gehört hast?

→ Lösung S. 100

6

a) ☐ peut ☐ peux
b) ☐ veux ☐ veut
c) ☐ peut ☐ veut
d) ☐ pouvons ☐ pouvez
e) ☐ peuvent ☐ veulent
f) ☐ voulez ☐ veulent
g) ☐ peux ☐ veux
h) ☐ pouvons ☐ voulons

●●○ 2. *Veux, peux* oder *veut, peut*: Ergänze die Sätze.

→ Lösung S. 100

a) Tu ______________________ de l'eau ?

b) Demain, je ne ______________________ pas être là. Je suis au foot.

c) Tu ______________________ mon cahier ?

d) Je comprends ! Maintenant, je ______________________ faire l'exercice.

e) Tu ______________________ arriver à 4 heures, s'il te plaît ?

f) Jean ne ______________________ pas de cadeau.

g) Cécile ______________________ faire du foot.

h) Moi, je ______________________ un chat,
mais mon frère ______________________ un chien.

Scanne den QR-Code und höre den Text an.

4 Das Verb *savoir*

●○○ 1. Kreuze das Wort an, das nicht zu den anderen passt. → Lösung S. 100

a) ☐ sait ☐ savons ☐ sur
b) ☐ sais ☐ soir ☐ savoir
c) ☐ souvent ☐ savez ☐ sait
d) ☐ sait ☐ sous ☐ sais

●●○ 2. Kreuze die passende Antwort an. → Lösung S. 100

a) Tu arrives quand ?
☐ Je ne sais pas.
☐ Je sais quand.

b) Tu sais quoi ?
☐ Non, quoi ?
☐ Oui, je sais.

c) Vous allez à Berlin ?
☐ Je ne sais pas quand.
☐ Je sais où est Berlin.

d) Il sait faire du vélo ?
☐ Non, il est trop petit.
☐ Il peut.

●●● 3. Übersetze ins Französische. → Lösung S. 100

a) Ich weiß nicht.

____

b) Sie kann Gitarre spielen.

____

c) Sie wissen alles.

____

1 Das Verb *faire*

→ Übungen ab S. 93

1. f a i p w d p n n **f a i s o n s** o t b a l **f a i s f o n t** k u s a p
   h i **f a i t e s** s r o **f a i s** h a i r h e s o f a c o **f a i t** t e r m e

2. je **fais**, tu **fais**, il / elle / on **fait**, nous **faisons**, vous **faites**, ils / elles **font**

3. a) Qu'est-ce que tu **fais** ? b) Il **fait** de la guitare. c) Tu **fais** du foot ? d) Je ne **fais** pas de gâteau. e) Vous **faites** du sport. f) Ils **font** de l'athlétisme.

4. b) Nous **faisons du foot**. Wir spielen Fußball. c) Elle lui **fait une surprise**. Sie bereitet (macht) ihm / ihr eine Überraschung. d) Elles **font de la guitare**. Sie spielen Gitarre. e) Je **fais les exercices**. Ich mache die Übungen. f) Vous **faites de l'athlétisme**. Ihr macht Leichtathletik. / Sie machen Leichtathletik.

2 Das Verb *aller*

→ Übungen ab S. 95

1. a) vais, va b) vas, vont c) allons, allez

2. a) Marc va à Paris. b) Nous allons à la boulangerie. c) Quand est-ce que tu vas arriver ? d) Aujourd'hui, je vais à pied à l'école. e) Charles ne va pas rester ! f) Pourquoi ils vont à Hambourg ? g) Vous allez où ?

3. a) Mme Valud **va** au bureau. b) Le chanteur ne **va** pas chanter aujourd'hui. c) Où est ce qu'ils **vont** ? d) Nous **allons** au collège. e) Tu **vas** commencer ? f) Béa, Léo et Théo **vont** à la piscine. g) Je ne **vais** pas à Berlin.

4. a) va b) vas c) vais d) va e) vas f) vais g) allons

   Hörverstehenstext:

   Salut Xavier, ça va ? • Malika, tu vas où ? • Moi, je vais au gymnase pour faire de la danse. • Béatrice va à la danse et Louis au foot. • Et toi, tu vas où ? • Moi, je vais au théâtre. • Nous allons à Bonn.

5. a) Il va à la boulangerie. b) Nous allons à l'école. c) Anna va chez Jana. d) Ça va ? / Comment allez-vous ? e) Je vais dans ma chambre. f) Vous n'allez pas à la cantine ? g) Lundi, Hugo et Maria vont à Paris.

Scanne den QR-Code und höre den Text an.

3 Die Verben *vouloir, pouvoir*

→ Übungen ab S. 97

1. a) peux b) veut c) veut d) pouvez e) veulent f) voulez g) veux h) voulons

   Hörverstehenstext:

   Je peux te téléphoner ? • Il veut arriver à dix heures. • Lucie ne veut pas. • Vous pouvez le visiter. • Ses parents ne veulent pas. • Vous voulez demander à votre mère ? • Non, je ne veux pas ! • Aujourd'hui, nous ne voulons pas travailler !

2. a) Tu **veux** de l'eau ? b) Demain, je ne **peux** pas être là. Je suis au foot. c) Tu **veux** mon cahier ? d) Je comprends ! Maintenant, je **peux / veux** faire l'exercice. e) Tu **peux** arriver à 4 heures, s'il te plaît ? f) Jean ne **veut** pas de cadeau. g) Cécile **veut** faire du foot. h) Moi, je **veux** un chat, mais mon frère **veut** un chien.

4 Das Verb *savoir*

→ Übungen ab S. 98

1. a) sur b) soir c) souvent d) sous

2. a) Je ne sais pas. b) Non, quoi ? c) Je ne sais pas quand. d) Non, il est trop petit.

3. a) Je ne sais pas. b) Elle sait faire de la guitare. c) Ils savent tout.

Das Präsens

1 Bejahte Sätze

●○○ 1. Welche Sätze stehen im Präsens? Kreuze sie an.

→ Lösung S. 106

a) Je cherche mon cahier. ☐
b) Ella va habiter à Lyon. ☐
c) Regarde dans ton livre. ☐
d) Émile est allé au CDI. ☐
e) Sandro est content. ☐
f) Les enfants ont faim. ☐
g) Ça va. ☐
h) Ils ont téléphoné à Noémie. ☐
i) Ma grand-mère arrive bientôt. ☐

●●○ 2. Setze das richtige Verb im Präsens ein.

→ Lösung S. 106

aimer • regarder • rester • manger • faire • commencer • travailler

a) Tu ____________________ une photo.

b) Je t' ____________________ .

c) Le cours ____________________ à 7 heures 45.

d) Nous ____________________ la télévision.

e) Je ____________________ une pizza.

f) Ils ____________________ au bureau aujourd'hui.

g) Tu ____________________ à l'école après le cours.

●●○ 3. In diesem Text sind manche Verben im Infinitiv geblieben. Unterstreiche sie. Schreibe danach den Text ab und korrigiere die unterstrichenen Verbformen. → Lösung S. 106

Paul, Marc et Valérie habiter à Paris. Ils adorer leur quartier et leurs amis. Mais les parents de Paul ne sont pas contents : l'appartement être petit ! Alors ils chercher un autre appartement. (...) Maintenant, ils avoir une jolie maison à Montrouge. La mère de Paul être très contente ! Mais les enfants ...

Paul, Marc et Valérie ______________________

____

____

____

____

____

____

●●● 4. Übersetze die Sätze ins Französische. → Lösung S. 106

a) Ich wohne in Paris.

____

b) Er findet einen Schlüssel.

____

c) Sie suchen Florine.

____

d) Heute arbeitet er viel.

____

e) Wir schauen die Katze unter dem Tisch an.

____

2 Verneinte Sätze

●●○ 1. Wie lautet das richtige Verb?
Ergänze die Sätze mit dem Verb im Präsens. → Lösung S. 106

a) Il ne travaille ______ pas. (*arbeiten*)

b) Elle n' aime ______ pas. (*mögen*)

c) Nous ne ______ pas de sport. (*machen*)

d) Tu ne lui ______ pas. (*fragen*)

e) Ils ne cherchons ______ pas. (*suchen*)

f) Il n' ~~e~~ e ______ pas sympa. (*sein*)

g) Vous n' avons ______ pas de cadeau. (*haben*)

●●○ 2. Verneine die Sätze und konjugiere die Verben. → Lösung S. 106

a) M. Dumoulin (être) de Paris.

M. Dumoulin n'est pas de Paris.

b) Elle (chercher) son chien.

______

c) Ils (trouver) la bibliothèque.

______

d) Marie (chanter).

______

e) Elles (aimer) les chats !

______

f) Je (être) en 6 d.

______

●●○ 3. Bringe die Wörter in die richtige Reihenfolge.
Bilde sinnvolle Sätze.
Achte dabei auf die Verbformen!

→ Lösung S. 106

a) Jeanne / ne / aimer / chiens / les/ pas

Jeanne n'aime pas les chiens.

b) ne / inviter / je / pas / frère / mon

____

c) pas / le / ne / bon / gâteau / être

____

d) de / ne / Luc / danse / faire / pas

____

e) ne / pas / maison / être / sa / loin

____

f) pas / trouver / CD / le / ne / il

____

g) ton / pas / chercher / tu / ne / livre

____

●●● 4. Was bedeuten die Sätze aus Übung 3 auf Deutsch?

→ Lösung S. 106

a) ______________________________

b) ______________________________

c) ______________________________

d) ______________________________

e) ______________________________

f) ______________________________

g) ______________________________

3 Gemischte Aufgaben

●●○ 1. Verbinde die zusammengehörenden Sätze. → Lösung S. 106

a) Christelle n'	cherchez le chat ?
b) Tu	habite plus à Berlin.
c) Aujourd'hui, il n'	est pas là.
d) Vous	commences demain.

●●○ 2. Ergänze die Sätze mit dem Verb im Präsens.
Achte auf die Stellung der Verneinung! → Lösung S. 106

a) Elle ne regarde pas (*ne pas regarder*)

b) Ils ______ (*arriver*)

c) Sandro ______ un appartement. (*chercher*)

d) Tu ______ le CD de Zaz. (*ne pas trouver*)

e) Je ______ cette pizza. (*ne pas manger*)

f) Ils ______ le matin. (*travailler*)

●●● 3. Übersetze die Sätze ins Französische. → Lösung S. 106

a) Sie singt ein Lied.

______

b) Sie mögen die Hausaufgaben nicht.

______

c) Léa liebt ihre Katze.

______

d) Mein großer Bruder spielt nicht mit uns.

______

1 Bejahte Sätze

→ Übungen ab S. 101

1. a) e) f) g) i)

2. a) Tu **fais** une photo. b) Je t'**aime**. c) Le cours **commence** à 7 heures 45. d) Nous **regardons** la télévision. e) Je **mange** une pizza. f) Ils **travaillent** au bureau aujourd'hui. g) Tu **restes** à l'école après le cours.

3. Paul, Marc et Valérie **habitent** à Paris. Ils **adorent** leur quartier et leurs amis. Mais les parents de Paul ne sont pas contents : l'appartement **est** petit ! Alors ils **cherchent** un autre apparte-ment. (...) Maintenant, ils **ont** une jolie maison à Montrouge. La mère de Paul **est** très contente ! Mais les enfants ...

4. a) J'habite à Paris. b) Il trouve une clé. c) Ils cherchent Florine. d) Aujourd'hui, il travaille beaucoup. / Il travaille beaucoup aujourd'hui. e) Nous regardons le chat sous la table.

2 Verneinte Sätze

→ Übungen ab S. 103

1. a) Il ne **travaille** pas. b) Elle n'**aime** pas. c) Nous ne **faisons** pas de sport. d) Tu ne lui **demandes** pas. e) Ils ne **cherchent** pas. f) Il n'**est** pas sympa. g) Vous n'**avez** pas de cadeau.

2. b) Elle ne cherche pas son chien. c) Ils ne trouvent pas la bibliothèque. d) Marie ne chante pas. e) Elles n'aiment pas les chats ! f) Je ne suis pas en 6 d.

3. b) Je n'invite pas mon frère. c) Le gâteau n'est pas bon. d) Luc ne fait pas de danse. e) Sa maison n'est pas loin. f) Il ne trouve pas le CD. g) Tu ne cherches pas ton livre.

4. a) Jeanne mag keine Hunde. b) Ich lade meinen Bruder nicht ein. c) Der Kuchen ist / schmeckt nicht gut. d) Luc tanzt nicht. e) Sein / Ihr Haus ist nicht weit. f) Er findet die CD nicht. g) Du suchst dein Buch nicht.

3 Gemischte Aufgaben

→ Übungen ab S. 105

1. a) Christelle n'habite plus à Berlin. b) Tu commences demain. c) Aujourd'hui, il n'est pas là. d) Vous cherchez le chat ?

2. b) Ils **arrivent**. c) Sandro **cherche** un appartement. d) Tu **ne trouves pas** le CD de Zaz. e) Je **ne mange pas** cette pizza. f) Ils **travaillent** le matin.

3. a) Elle chante une chanson. b) Ils n'aiment pas les devoirs. c) Léa adore son chat. d) Mon grand frère ne joue pas avec nous.

Der Imperativ

1 Imperativ

●○○ 1. Finde in der Buchstabenschlange sieben Verbformen im Imperativ. Kreise sie ein.

→ Lösung S. 108

f a v a d i o e r e g a r d e z v e z o o t o n d e m a n d e

c h e r c h e f r o n s r l n t c h e s n o e s o p a r l o n s f

a c o t r a v a i l l e v a e v e d f t r o u v e p r a s o n s

●●○ 2. Verbinde den deutschen Satz und den entsprechenden Satz auf Französisch.

→ Lösung S. 108

a) Schau den Film an!	Écoute cette chanson !
b) Bitte such deinen Bruder!	Jouez au foot !
c) Höre dieses Lied!	Regarde le film !
d) Spielt Fußball!	Cherche ton frère, s'il te plait !
e) Gehen wir in die Pause!	Allons en récréation !

●●○ 3. Finde das passende Verb und setze es in der richtigen Imperativform ein.

→ Lösung S. 108

a) Céline, ______________________ ta pizza ! (*essen*)

b) Pierre, Lucie, ______________________ mes photos ! (*ansehen*)

c) ______________________ bien, Luc ! (*arbeiten*)

d) Stéphane et Jana, ______________________ à vos parents ! (*telefonieren*)

e) Les enfants, ______________________ à la piscine aujourd'hui ! (*gehen*)

1 Imperativ

→ Übungen ab S. 107

1. f a v a d i o e **r e g a r d e z** v e z o o t o n **d e m a n d e c h e r c h e** f r o n s r l n t c h e s n o e s o **p a r l o n s** a c o **t r a v a i l l e** **v a** e v e d f **t r o u v e** p r a s o n s

2. a) Regarde le film ! b) Cherche ton frère, s'il te plaît ! c) Écoute cette chanson ! d) Jouez au foot ! e) Allons en récréation !

3. a) Céline, **mange** ta pizza ! b) Pierre, Lucie, **regardez** mes photos ! c) **Travaille** bien, Luc ! d) Stéphane et Jana, **téléphonez** à vos parents ! e) Les enfants, **allez** à la piscine aujourd'hui !

Das Futur composé

1 Bejahte Sätze

●○○ 1. Verbinde die zusammengehörenden Satzteile. → Lösung S. 113

a) Jean et Karim	allez aller au lit ?
b) Vous	allons manger.
c) Elle	vont aller chez Léon.
d) Tu	va prendre son cahier.
e) Je	vais rester une heure.
f) Nous	vont préparer des questions.
g) Ils	vas arriver la première.

●●○ 2. Ordne jedem Foto den passenden Ausdruck zu.
Ergänze die Sätze im Futur composé. → Lösung S. 113

eine DVD anschauen • in die Schule gehen • das Museum besichtigen Musée

a) Il ______________________________.

b) Tu ______________________________.

c) Nous ______________________________.

2 Verneinte Sätze

●●○ 1. Ergänze die Sätze mit dem Verb im Futur composé.
Achte auf die Stellung der Verneinung! → Lösung S. 113

a) Ils ne vont pas rester.
(*ne pas rester*)

b) Elle ne va pas travailler.
(*ne pas travailler*)

c) Nous n'allons pas prendre de photos.
(*ne pas prendre*)

d) Tu ne vas pas vas à la piscine.
(*ne pas aller*)

e) Ils ne vont pas trouver la salle !
(*ne pas trouver*)

●●○ 2. Bilde aus den Wörtern einen Satz im Futur composé. → Lösung S. 113

a) ne / elle / parler / pas
Elle ne va pas parler.

b) ne / il / pas / travailler / aujourd'hui
____

c) pas / nous / le / regarder / ne / film
____

d) tu / habiter / ne / Paris / pas / à
____

e) pas / je / mes / ne / retrouver / amis
____

3 Gemischte Aufgaben

●○○ 1. Übersetze ins Französische und verwende das Futur composé. → Lösung S. 113

a) ich werde machen ______

b) wir werden ansehen ______

c) sie wird nicht suchen ______

d) sie werden zuhören ______

e) ich werde sprechen ______

f) ihr werdet essen ______

g) du wirst nicht haben ______

●●○ 2. Setze die Sätze aus dem Präsens ins Futur composé. → Lösung S. 113

a) Lundi après-midi, Tom joue au foot.

Lundi après-midi, Tom va jouer au foot.

b) Carine fait de la guitare.

______

c) Cécile et Géraldine écoutent de la musique.

______

d) M. Lorato ne travaille pas au bureau.

______

e) Elle a un portable.

______

f) Nous ne prenons pas le livre.

______

●●○ 3. Verwende das Verb, das in der Klammer steht und vervollständige die Sätze im Futur composé Achte auf die Verneinung!

→ Lösung S. 113

a) Demain, je ______________________ . (*tanzen*)

b) Mes parents ______________________ au professeur. (*sprechen*)

c) Tu ______________________ tes devoirs ? (*nicht machen*)

d) Mon frère ______________________ à la maison. (*bleiben*)

e) Qu'est-ce que vous ______________________ demain ? (*machen*)

f) Ils ______________________ ce CD. (*nicht mögen*)

●●● 4. Übersetze diese Sätze ins Französische. Benutze das Futur composé.

→ Lösung S. 113

a) Sie wird mit ihrem Bruder telefonieren.

____

b) Ich werde Marie suchen.

____

c) Wir werden nicht mit Jean singen.

____

d) Sie werden das Buch nicht finden.

____

e) Du wirst nicht zufrieden sein.

____

f) Ich werde nicht in die Schule gehen.

____

1 Bejahte Sätze

Übungen ab S. 109

1. b) Vous allez aller au lit ? c) Elle va prendre son cahier. d) Tu vas arriver la première. e) Je vais rester une heure. f) Nous allons manger. g) Ils vont préparer des questions.

2. a) Il **va visiter le musée**. b) Tu **vas aller à l'école**. c) Nous **allons regarder un DVD**.

2 Verneinte Sätze

Übungen ab S. 110

1. b) Elle ne va pas travailler. c) Nous n'allons pas prendre de photos. d) Tu ne vas pas aller à la piscine. e) Ils ne vont pas trouver la salle !

2. b) Il ne va pas travailler aujourd'hui. / Aujourd'hui, il ne va pas travailler. c) Nous n'allons pas regarder le film. d) Tu ne vas pas habiter à Paris. e) Je ne vais pas retrouver mes amis.

3 Gemischte Ausgaben

Übungen ab S. 111

1. a) je vais faire b) nous allons regarder c) elle ne va pas chercher d) ils/elles vont écouter e) je vais parler f) vous allez manger g) tu ne vas pas avoir

2. b) Carine va faire de la guitare. c) Cécile et Géraldine vont écouter de la musique. d) M. Lorato ne va pas travailler au bureau. e) Elle va avoir un portable. f) Nous n'allons pas prendre le livre.

3. a) Demain, je **vais danser**. b) Mes parents **vont parler** au professeur. c) Tu **ne vas pas faire** tes devoirs ? d) Mon frère **va rester** à la maison. e) Qu'est-ce que vous **allez faire** demain ? f) Ils **ne vont pas aimer** ce CD.

4. a) Elle va téléphoner à son frère. b) Je vais chercher Marie. c) Nous n'allons pas chanter avec Jean. d) Ils/Elles ne vont pas trouver le livre. / Vous n'allez pas trouver le livre. e) Tu ne vas pas être content/contente. f) Je ne vais pas aller à l'école.

Das Passé composé mit *avoir*

1 Das Partizip Perfekt

●●○ 1. Wie lautet das Partizip der genannten Verben? → Lösung S. 120

a) regarder regardé

b) passer ____________

c) faire ____________

d) trouver ____________

e) parler ____________

f) tomber ____________

g) tourner ____________

h) jouer ____________

i) rester ____________

j) raconter ____________

●●○ 2. Wie lautet das Partizip der Verben aus Übung 1 auf Deutsch? → Lösung S. 120

a) angesehen/gesehen b) ____________

c) ____________ d) ____________

e) ____________ f) ____________

g) ____________ h) ____________

i) ____________ j) ____________

2 Bejahte Sätze

●○○ 1. Trage die fehlenden Formen im Passé composé ein. → Lösung S. 120

habiter	faire
j'ai *habité*	j'ai *fait*
tu	tu
il / elle / on	il / elle / on
nous *avons habité*	nous
vous	vous
ils / elles	ils / elles
dtsch.	dtsch. *machen / tun*

●●○ 2. Wie lauten die Formen auf Französisch? → Lösung S. 120

a) ich habe gegessen ______________________

b) er hat zugehört ______________________

c) Sie haben geredet ______________________

d) wir haben gesprochen ______________________

e) du hast gefragt ______________________

f) ich habe vorbereitet ______________________

g) sie hat telefoniert ______________________

h) ihr habt gesucht ______________________

i) ich habe gefunden ______________________

j) du hast geschaut ______________________

●●○ 3. Setze die Verben aus der Klammer ins Passé composé. → Lösung S. 120

a) Marie et Sylvie ______________________ leur chambre. (*ranger*)

b) Tu ______________________ un cadeau pour ton copain. (*chercher*)

c) Dimanche, nous ______________________ au restaurant. (*manger*)

d) Elle ______________________ l'histoire à sa mère. (*raconter*)

e) J'______________________ un DVD intéressant. (*trouver*)

f) Nous ______________________ une surprise. (*préparer*)

●●● 4. Du erzählst deiner französischen Austauschpartnerin, was du letztes Wochenende gemacht hast. Zum Beispiel, dass … → Lösung S. 120

a) … du Philippe und Laura getroffen hast.

J'ai rencontré Philippe et Laura.

b) … du mit Marco telefoniert hast.

____

c) … du bei Marie übernachtet hast.

____

d) … du Gitarre gespielt hast.

____

e) … du deine Hausaufgaben gemacht hast.

____

f) … du einen guten Film angeschaut hast.

____

g) … du deinem Bruder geholfen hast.

____

3 Verneinte Sätze

●○○ 1. Trage die passende Verbform im Passé composé ein. → Lösung S. 120

a) Hier, elle n' a ________ pas parlé ________ . (*parler*)

b) Ils n'________ pas ________ le gâteau. (*manger*)

c) Lundi, nous n'________ pas ________ . (*travailler*)

d) Tu n'________ pas ________ ta chambre ! (*ranger*)

e) Il n'________ pas ________ . (*neiger*)

f) Vous n'________ pas ________ . (*chercher*)

●●○ 2. Beantworte die Fragen mit den vorgegebenen Satzanfängen. → Lösung S. 120

a) Tu as gagné ?

Non, je n'ai pas gagné.

b) Tu as retrouvé Alan ?

Non, je ________

c) Vous avez écouté la chanson ?

Non, nous ________

d) Tu as porté ton petit frère ?

Non, je ________

e) Vous avez regardé le film ?

Non, nous ________

f) Vous avez fait une photo ?

Non, nous ________

4 Gemischte Aufgaben

●●○ 1. Was passt in die Lücke? Kreuze an. → Lösung S. 121

a) J'_________ de la guitare.

☐ ai joué ☐ n'ai pas cherché

b) Nous _________ les vacances à Lyon.

☐ avons passé ☐ n'avons pas fait

c) Ils _________ de la musique.

☐ ont invité ☐ ont écouté

d) Elles _________ la ville.

☐ ont quitté ☐ avez quitté

e) Tu _________ mon DVD ?

☐ a regardé ☐ n'as pas regardé

f) Vous _________ de questions ?

☐ n'avez pas posé ☐ avez demandé

●●○ 2. Finde das passende Verb und fülle die Lücken mit den richtigen Verbformen im Passé composé. Achte auf die Stellung der Verneinung! → Lösung S. 121

faire • ne pas regarder • oublier • demander • manger

a) Jules ________________________ à son frère.

b) Nous ________________________ la fête.

c) Jules ________________________ les filles.

d) Ils ________________________ une pomme.

e) J'________________________ mon portable sur la table.

●●○ 3. Setze diese Sätze ins Passé composé. → Lösung S. 121

a) Je traverse la rue.

J'ai traversé la rue.

b) Elle passe une semaine ici.

____

c) Nous ne faisons pas de judo.

____

d) Qu'est-ce que tu fais ?

____

e) Je ne trouve pas mon train.

____

●●● 4. Übersetze diese Sätze ins Französische. → Lösung S. 121

a) Die Schüler haben mit dem Lehrer gesprochen.

____

b) Gestern hat sie nicht getanzt.

____

c) Sie haben ihre Übung gezeigt.

____

d) Was hast du gemacht?

____

e) Ich habe dieses Museum nicht gemocht.

____

f) Am Sonntag haben wir Spiele gemacht.

____

1 Das Partizip Perfekt

→ Übungen ab S. 114

1. b) passé c) fait d) trouvé e) parlé f) tombé g) tourné h) joué i) resté j) raconté

2. b) verbracht c) gemacht / getan d) gefunden e) gesprochen / geredet f) gefallen g) (ab)gebogen h) gespielt i) geblieben j) erzählt

2 Bejahte Sätze

→ Übungen ab S. 115

1. a) habiter: j'ai habité, tu **as habité**, il / elle / on **a habité**, nous avons habité, vous **avez habité**, ils / elles **ont habité**, dtsch. **wohnen**
   b) faire: j'ai fait, tu **as fait**, il / elle / on **a fait**, nous **avons fait**, vous **avez fait**, ils / elles **ont fait**, dtsch. machen / tun

2. a) j'ai mangé b) il a écouté c) ils / elles ont parlé d) nous avons parlé e) tu as demandé f) j'ai préparé g) elle a téléphoné h) vous avez cherché i) j'ai trouvé j) tu as regardé

3. a) Marie et Sylvie **ont rangé** leur chambre. b) Tu **as cherché** un cadeau pour ton copain. c) Dimanche, nous **avons mangé** au restaurant. d) Elle **a raconté** l'histoire à sa mère. e) J'**ai trouvé** un DVD intéressant. f) Nous **avons préparé** une surprise.

4. b) J'ai téléphoné à Marco. c) J'ai passé la nuit chez Marie. d) J'ai joué de la guitare. e) J'ai fait mes devoirs. f) J'ai regardé un bon film. g) J'ai aidé mon frère.

3 Verneinte Sätze

→ Übungen ab S. 117

1. b) Ils n'**ont** pas **mangé** le gâteau. c) Lundi, nous n'**avons** pas **travaillé**. d) Tu n'**as** pas **rangé** ta chambre ! e) Il n'**a** pas **neigé**. f) Vous n'**avez** pas **cherché**.

2. b) Non, je n'ai pas retrouvé Alan. c) Nous, nous n'avons pas écouté la chanson. d) Non, je n'ai pas porté mon petit frère. e) Nous, nous n'avons pas regardé le film. f) Nous, nous n'avons pas fait de photo.

4 Gemischte Aufgaben

→ Übungen ab S. 118

1. a) J'**ai joué** de la guitare. b) Nous **avons passé** les vacances à Lyon. c) Ils **ont écouté** de la musique. d) Elles **ont quitté** la ville. e) Tu **n'as pas regardé** mon DVD ? f) Vous **n'avez pas posé** de questions ?

2. a) Jules **a demandé** à son frère. b) Nous **avons fait** la fête. c) Jules n'**a pas regardé** les filles. d) Ils **ont mangé** une pomme. e) J'**ai oublié** mon portable sur la table.

3. b) Elle a passé une semaine ici. c) Nous n'avons pas fait de judo. d) Qu'est-ce que tu as fait ? e) Je n'ai pas trouvé mon train.

4. a) Les élèves ont parlé au professeur. b) Hier, elle n'a pas dansé. / Elle n'a pas dansé hier. c) Ils ont montré leur exercice. d) Qu'est-ce que tu as fait ? e) Je n'ai pas aimé ce musée. f) Dimanche, nous avons fait des jeux. / Nous avons fait des jeux dimanche.

Das Passé composé mit *être*

1 Bejahte Sätze

●○○ 1. Ordne jedem Bild den passenden Ausdruck zu.
Ergänze den Satz im Passé composé. → Lösung S. 124

monter dans le train • arriver vers 12 heures • entrer dans la classe • rester en Angleterre • aller en France • partir le 21 juin

a) Il ______________________________
______________________________.

b) Tu ______________________________
______________________________.

c) Je ______________________________
______________________________.

d) Tom ______________________________
______________________________.

e) Elles ______________________________
______________________________.

f) Ils ______________________________
______________________________.

2. Fülle die Lücke mit der passenden Endung des Partizips. → Lösung S. 124

a) Valérie est rest *ée* ________ à la maison.

b) Mme Cateloup est mont ________ dans le bus.

c) Ils sont entr ________ dans la boulangerie.

d) Le chien est rest ________ devant la porte.

e) Claire et Isabelle sont part ________ ensemble.

f) Le professeur est arriv ________ à 8 heures 10 !

3. Bilde kurze Sätze im Passé composé. → Lösung S. 124

a) elles / sortir *Elles sont sorties.*

b) elle / arriver ________________

c) tu / rester ________________

d) ils / arriver ________________

e) il / partir ________________

f) Pierre et Claire / monter ________________

4. Finde das passende französische Verb und setze die gesuchte Form ins Passé composé. → Lösung S. 124

a) Florence et Zoé ________________ de la classe. (*hinausgehen*)

b) Théo ________________ hier. (*weggehen*)

c) Tabea ________________ chez nous. (*bleiben*)

d) M. et Mme Chaffut ________________ dans le métro. (*einsteigen*)

e) Les filles ________________ à Munich. (*fahren*)

f) Mes parents ________________ hier. (*ankommen*)

g) Je ________________ en vacances. (*wegfahren*)

1 Bejahte Sätze

→ Übungen ab S. 122

1. a) Il **est monté dans le train**. b) Tu **es allé(e) en France**. c) Je **suis parti / partie le 21 juin**. d) Tom **est entré dans la classe**. e) Elles **sont arrivées vers 12 heures**. f) Ils **sont restés en Angleterre**.

2. b) Mme Cateloup est mont**ée** dans le bus. c) Ils sont entr**és** dans la boulangerie. d) Le chien est rest**é** devant la porte. e) Claire et Isabelle sont part**ies** ensemble. f) Le professeur est arriv**é** à 8 heures 10 !

3. b) Elle est arrivée. c) Tu es resté / restée. d) Ils sont arrivés. e) Il est parti. f) Pierre et Claire sont montés.

4. a) Florence et Zoé **sont sorties** de la classe. b) Théo **est parti** hier. c) Tabea **est restée** chez nous. d) M. et Mme Chaffut **sont montés** dans le métro. e) Les filles **sont allées** à Munich. f) Mes parents **sont arrivés** hier. g) Je **suis parti / partie** en vacances.

Präpositionen

1 Die Präposition *à* und der bestimmte Artikel

●○○ 1. Setze die Präposition *à* mit dem bestimmten Artikel ein.
Achte auf die Verschmelzung!

→ Lösung S. 131

a) Je suis allé *à la* boulangerie.

b) Bastien travaille ____________ ordinateur.

c) Je vais ____________ toilettes.

d) Les enfants sont ____________ école.

e) J'adore le gâteau ____________ pommes.

f) Fatima est ____________ cours d'allemand.

●●○ 2. Übersetze ins Französische. Benutze dabei
die Präposition *à* und den bestimmten Artikel.

→ Lösung S. 131

a) zu Hause ____________

b) im Geschäft ____________

c) im Collège ____________

d) in der Kantine ____________

e) mit Äpfeln ____________

f) im Büro ____________

g) bei der Ankunft ____________

h) in der Bäckerei ____________

i) im Schwimmbad ____________

j) am Bahnhof ____________

2 Die Präposition *de* und der bestimmte Artikel

●○○ 1. *Du, de la* oder *de l'*: Ergänze. → Lösung S. 131

a) la maison ___________ grand-mère

b) l'ordinateur ___________ père

c) la porte ___________ musée

d) les élèves ___________ école

e) les pommes ___________ magasin

f) le vélo ___________ amie de ma mère

g) l'idée ___________ professeur

h) les questions ___________ exercice

i) la chanson ___________ CD

j) l'ordinateur ___________ élève

●●○ 2. Setze die Präposition *de* mit dem bestimmten Artikel ein. Achte auf die Verschmelzung! → Lösung S. 131

a) C'est la chambre *du* ___________ frère de Léo.

b) Voilà le lit ___________ sœur d'Emma.

c) C'est la photo ___________ chat de Tom ?

d) Est-ce que ces photos sont les photos ___________ anniversaire de Sophie ?

e) Ce sont les livres ___________ enfants.

f) Tu as les clés ___________ maison ?

g) C'est le CDI ___________ école.

h) Je cherche l'exercice ___________ livre.

3 Präposition des Ortes

●○○ 1. Vervollständige die Tabelle mit der fehlenden Präposition.

→ Lösung S. 131

Französisch	Deutsch
	vor
sous	
	hinter
sur	
	zwischen
en	

●●○ 2. Übersetze ins Französische.

→ Lösung S. 131

a) unter dem Tisch ______________________

b) nach Berlin ______________________

c) auf dem Stuhl ______________________

d) ins Zimmer ______________________

e) vor der Bäckerei ______________________

f) zwischen den Stühlen ______________________

g) hinter dem Haus ______________________

h) in Deutschland ______________________

4 Präposition der Zeitangaben

●○○ 1. Verbinde die passenden Elemente. → Lösung S. 131

a) à	cours
b) avant les	huit heures à treize heures
c) après	onze heures
d) de	jeudi
e) le	les vacances

●●○ 2. Kreuze das passende Wort an. → Lösung S. 131

a) ________ lundi, j'ai français, allemand et anglais.
- ☐ Le
- ☐ Au

b) ________ le foot, il va à la maison.
- ☐ À
- ☐ Après

c) ________ 10 heures, c'est la récréation.
- ☐ À
- ☐ Entre

d) Qu'est-ce que tu fais ________ samedi ?
- ☐ pour
- ☐ le

e) Il arrive ________ 9 heures.
- ☐ devant
- ☐ avant

f) Il va rester ________ 19 heures !
- ☐ après
- ☐ de

g) ________ la guitare, elle va chez Lucie.
- ☐ Avant
- ☐ Avec

h) Quand ? ________ onze heures ?
- ☐ L'
- ☐ À

5 Präposition der Art und Weise

●○○ 1. Verbinde die deutschen und die französischen Elemente, die zusammenpassen. → Lösung S. 132

a) à deux	mit dem Fahrrad
b) avec le crayon	gegen mich
c) en voiture	zu zweit
d) à vélo	mit dem Auto
e) contre moi	mit dem Stift

●●○ 2. Finde den passenden Ausdruck auf Französisch und ordne ihn einem Bild zu. → Lösung S. 132

gegen den Stuhl • mit dem schwarzen Stift • mit dem Auto • zu dritt • mit dem Fahrrad • gegen die Tür

a) ______________________.

b) ______________________.

c) ______________________.

d) ______________________.

e) ______________________.

f) ______________________.

6 Gemischte Aufgaben

●●○ 1. *Devant, avant* oder *en*: Ergänze die Sätze. → Lösung S. 132

a) Arrive ______________ trois heures, s'il te plaît !

b) Comment ? Elle reste trois mois ______________ France ?

c) Fabien est ______________ cours.

d) Il a beaucoup travaillé ______________ son arrivée.

e) Fifi, le chien, est ______________ la porte.

f) Tu arrives ______________ la nuit !

●●● 2. Übersetze die Sätze ins Französische. → Lösung S. 132

a) Am Montag spiele ich Gitarre.

____

b) Um zehn Uhr fahre ich weg.

____

c) Die Katze ist unter dem Tisch.

____

d) Wir sind in der Klasse des Vaters meiner Freundin.

____

e) Vor der Schule gibt es viele Kinder.

____

f) Er spielt hinter dem Haus.

____

1 Die Präposition *à* und der bestimmte Artikel

Übungen ab S. 125

1. b) Bastien travaille **à l'**ordinateur. c) Je vais **aux** toilettes. d) Les enfants sont **à l'**école. e) J'adore le gâteau **aux** pommes. f) Fatima est **au** cours d'allemand.

2. a) à la maison b) au magasin c) au collège d) à la cantine e) aux pommes f) au bureau g) à l'arrivée h) à la boulangerie i) à la piscine j) à la gare

2 Die Präposition *de* und der bestimmte Artikel

Übungen ab S. 126

1. a) la maison **de la** grand-mère b) l'ordinateur **du** père c) la porte **du** musée d) les élèves **de l'**école e) les pommes **du** magasin f) le vélo **de l'**amie de ma mère g) l'idée **du** professeur h) les questions **de l'**exercice i) la chanson **du** CD j) l'ordinateur **de l'**élève

2. b) Voilà le lit **de la** sœur d'Emma. c) C'est la photo **du** chat de Tom ? d) Est-ce que ces photos sont les photos **de l'**anniversaire de Sophie ? e) Ce sont les livres **des** enfants. f) Tu as les clés **de la** maison ? g) C'est le CDI **de l'**école. h) Je cherche l'exercice **du** livre.

3 Präposition des Ortes

Übungen ab S. 127

1.

Französisch	Deutsch
devant	vor
sous	**unter**
derrière	hinter
sur	**auf**
entre	zwischen
en	**in, nach**

2. a) sous la table b) à Berlin c) sur la chaise d) dans la chambre e) devant la boulangerie f) entre les chaises g) derrière la maison h) en Allemagne

4 Präposition der Zeitangaben

Übungen ab S. 128

1. a) à onze heures b) avant les cours c) après les vacances d) de huit heures à treize heures e) le jeudi

2. a) **Le** lundi, j'ai français, allemand et anglais. b) **Après** le foot, il va à la maison. c) **À** 10 heures, c'est la récréation. d) Qu'est-ce que tu fais **le** samedi ? e) Il arrive **avant** 9 heures. f) Il va rester **après** 19 heures ! g) **Avant** la guitare, elle va chez Lucie. h) Quand ? **À** onze heures du matin ?

5 Präposition der Art und Weise

→ Übungen ab S. 129

1. a) zu zweit b) mit dem Stift c) mit dem Auto d) mit dem Fahrrad e) gegen mich

2. a) avec le stylo noir b) en voiture c) contre la chaise d) à / en vélo e) contre la porte f) à trois

6 Gemischte Aufgaben

→ Übungen ab S. 130

1. a) Arrive **avant** trois heures, s'il te plaît ! b) Comment ? Elle reste trois mois **en** France ? c) Fabien est **en** cours. d) Il a beaucoup travaillé **avant** son arrivée. e) Fifi, le chien, est **devant** la porte. f) Tu arrives **avant** la nuit !

2. a) Le lundi, je joue de la guitare. / Je joue de la guitare le lundi. b) À dix heures, je pars. / Je pars à dix heures. c) Le chat est sous la table. d) Nous sommes dans la classe du père de ma copine. e) Il y a beaucoup d'enfants devant l'école. / Devant l'école, il y a beaucoup d'enfants. f) Il joue derrière la maison.

Das Relativpronomen

1 Das Relativpronomen *où*, *que* und *qui*

●○○ 1. Bilde Sätze mit dem Relativpronomen *où*. → Lösung S. 134

a) à Paris / va / On / visiter / peut / où / on / la Tour Eiffel.

____

b) L'hôtel / rester / va / on / très / où / est / cher.

____

●○○ 2. Das Relativpronomen *que* ist das Objekt des Nebensatzes.
Bilde sinnvolle Sätze. → Lösung S. 134

a) le livre / tu lis / que / est / intéressant.

Le livre que tu lis est intéressant.

b) une ville / que / Lyon / c'est / j'aime.

____

c) je / tous les jours. / un voisin / que / ne vois pas / c'est

____

●○○ 3. Das Relativpronomen *qui* ist das Subjekt des Nebensatzes,
es muss also ein Verb folgen Bilde sinnvolle Sätze. → Lösung S. 134

a) le garçon / je / connais / est / l'ami / qui / de ma sœur.

Je connais le garçon qui est l'ami de ma sœur.

b) un frère / s'appelle / qui / j'ai / Jean.

____

c) un ami / elle a / n'est pas / qui / facile.

____

1 Das Relativpronomen *où*, *que* und *qui*

→ Übungen ab S. 133

1. a) On va à Paris où on peut visiter la Tour Eiffel. b) L'hôtel où on va rester est très cher.

2. b) Lyon c'est une ville que j'aime. c) C'est un voisin que je ne vois pas tous les jours.

3. b) J'ai un frère qui s'appelle Jean. c) Elle a un ami qui n'est pas facile.

Mengenangaben

1 Mengenwörter

●●○ 1. Was bedeuten diese Mengenwörter auf Deutsch? Wenn du sie noch nicht kennst, schlag im Wörterbuch oder im Internet nach.

→ Lösung S. 138

a) beaucoup ______________________

b) assez ______________________

c) un peu de ______________________

d) trop ______________________

e) beaucoup de ______________________

f) assez de ______________________

g) peu ______________________

●●○ 2. Verbinde die zusammengehörenden Satzteile.

→ Lösung S. 138

a) Il y a beaucoup	choses.
b) Elle a un	peu de travail.
c) Nous n'avons pas assez	d'élèves.
d) J'ai un peu	faim.
e) Il demande beaucoup de	trop !
f) Non, c'est	un peu de pizza ?
g) Est-ce que tu prends	d'exercices.

●●○ 3. Ergänze die Sätze mit *beaucoup de, pas de, assez de*. Denk auch an den Apostroph! → Lösung S. 138

a) À la maison, nous avons 1000 livres. Ce sont ______________ livres.

b) Dans mon quartier, il n'y a ______________ musées.

c) Nils a ______________ argent : il va chercher un portable.

d) Merci, j'ai ______________ eau !

e) Il n'y a pas ______________ filles dans ma classe.

f) Je prends 5 kilos de fraises : ce sont ______________ fraises !

●●○ 4. Übersetze ins Französische. → Lösung S. 138

a) viel Wasser ______________

b) wenig Äpfel ______________

c) viele Katzen ______________

d) genug Überraschungen ______________

e) viele Hausaufgaben ______________

f) viele Fragen ______________

●●○ 5. Vervollständige die Sätze mithilfe der Hinweise in Klammern. → Lösung S. 138

a) Henriette chante ______________ . (*viele Lieder*)

b) Moi, j'ai ______________ ! (*genug Probleme*)

c) Charles a ______________ . (*zu viele DVDs*)

d) Tu ________ as ______________ ? (*keine Freunde*)

e) Ils ont ______________ . (*wenige Bücher*)

f) Les Dupont ont ______________ . (*viele Katzen*)

2 Mengenangaben mit *de*

●○○ 1. Verbinde die Elemente, die zusammenpassen. → Lösung S. 138

a) une bouteille	d'eau
b) une liste	de chocolat
c) une tablette	de jus de pommes
d) un kilo	de pommes
e) deux bouteilles	de livres

●●○ 2. Gestalte deine Einkaufsliste auf Französisch mit den folgenden Informationen: → Lösung S. 138

a) Äpfel
b) Erdbeeren
c) Saft
d) Kuchen
e) Wasser
f) Mehl
g) Schokolade

3 Kilo | 1 | 3 Tafeln | 1 Kilo | viel | 5 Flaschen | ½ Kilo

a) 3 kilos de pommes
b) ______
c) ______
d) ______
e) ______
f) ______
g) ______

1 Mengenwörter

→ Übungen ab S. 135

1. a) viel b) genug c) (ein) wenig d) zu viel, zu sehr e) viel(e) f) genug g) wenig

2. b) Elle a un **peu de travail**. c) Nous n'avons pas assez **d'exercices**. d) J'ai un peu **faim**. e) Il demande beaucoup de **choses**. f) Non, c'est **trop** ! g) Est-ce que tu prends **un peu de pizza** ?

3. a) À la maison, nous avons 1000 livres. Ce sont **beaucoup de** livres. b) Dans mon quartier, il n'y a **pas de** musées. c) Nils a **assez d'**argent : il va chercher un portable. d) Merci, j'ai **assez d'**eau ! e) Il n'y a pas **beaucoup de** filles dans ma classe. f) Je prends 5 kilos de fraises : ce sont **beaucoup de** fraises !

4. a) beaucoup d'eau b) peu de pommes c) beaucoup de chats d) assez de surprises e) beaucoup de devoirs f) beaucoup de questions

5. a) Henriette chante **beaucoup de chansons**. b) Moi, j'ai **assez de problèmes**. c) Charles a **trop de DVD**. d) Tu **n'**as **pas d'amis** ? e) Ils ont **peu de livres**. f) Les Dupont ont **beaucoup de chats**.

2 Mengenangaben mit *de*

→ Übungen ab S. 137

1. a) une bouteille de jus de pommes b) une liste de livres c) une tablette de chocolat d) un kilo de pommes e) deux bouteilles d'eau

2. b) un demi kilo de fraises c) cinq bouteilles de jus de fruits d) un gâteau e) beaucoup d'eau f) un kilo de farine g) trois tablettes de chocolat

Der Aussagesatz und die Verneinung

1 Der Aussagesatz

●●○ 1. Bringe die Wörter in die richtige Reihenfolge.
Bilde sinnvolle Sätze. Konjugiere die Verben! → Lösung S. 147

a) écouter / chanson / Paul / une

____

b) je / la / aller / à / boulangerie

____

c) elle / BD / avoir / de / beaucoup

____

d) ils / à / maison / rester / la

____

●●○ 2. Übersetze ins Französische. → Lösung S. 147

a) Morgen gehe ich ins Museum.

____

b) Er hat Kathrins Buch gefunden.

____

c) Ich suche mein Handy in meinem Zimmer.

____

d) Er ist dreizehn Jahre alt.

____

2 Das direkte Objekt

●○○ 1. Nach diesen Verben folgt ein direktes Objekt.
Bringe die Buchstaben in die richtige Reihenfolge.

→ Lösung S. 147

a) r r r a g d e e ____________ la télé

b) e r f i a ____________ les devoirs

c) e u é t o c r ____________ la musique

d) r e v u o r t ____________ les clés

e) r m e o c n m c e ____________ le déjeuner

●●○ 2. Verbinde die zusammengehörenden Satzteile.

→ Lösung S. 147

a) Il mange	l'exercice.
b) Je chante	gâteaux.
c) Ils font	les pommes.
d) Il a une	une chanson.
e) Le chat cherche	maison.
f) Nous aimons les	le chien.

●●○ 3. Bilde ganze Sätze.

→ Lösung S. 147

a) elle / aimer / rock *Elle aime le rock.*

b) il / regarder / texte ____________

c) nous / danser / danse ____________

d) je / souffler / bougies ____________

e) ils / avoir / frère ____________

f) tu / préférer / le foot ____________

3 Das indirekte Objekt

●○○ 1. Vervollständige die Übersicht.
Übrigens, **quelqu'un** heißt auf Deutsch *jemand*. → Lösung S. 147

Deutsch	Französisch
	parler à quelqu'un
mit jemandem telefonieren	
jemanden etwas fragen	

●●○ 2. Bringe die Sätze in die richtige Reihenfolge.
Bilde sinnvolle Sätze. Konjugiere die Verben! → Lösung S. 147

a) père / elle / son / parler / à

____

b) téléphoner / cousine / Claire / sa / à / Lundi,

____

c) Pierre / sœur / demander / DVD / sa / à / le

____

d) demander / copine / Karl / sa / l' / à / exercice

____

●●○ 3. Wie heißen die Sätze aus Übung 2 auf Deutsch? → Lösung S. 147

a) ______________________________

b) ______________________________

c) ______________________________

d) ______________________________

●●○ 4. Verbinde die zusammengehörenden Satzteile.
Es geht um indirekte und direkte Objekte.

→ Lösung S. 147

a) Il cherche — leur copain Maurice.

b) Ils téléphonent à — la musique !

c) Il parle — la carte.

d) Nous jouons — à son père.

e) Écoute — avec Gino.

●●○ 5. Die Präposition *à* ist bei indirekten Objekten wichtig.
Wo fehlt sie, wo ist sie in den folgenden Sätzen nötig?
Ergänze.

→ Lösung S. 147

a) Demande ________ Patrick !

b) Tu cherches ________ tes CD ?

c) Nous téléphonons ________ Marie.

d) Ils parlent ________ leur frère.

●●○ 6. Fülle die Lücken mit dem richtigen Verb.
Vergiss nicht, das Verb zu konjugieren!

→ Lösung S. 147

chercher • regarder • demander • parler • téléphoner

a) Ils ____________________ les livres de Mme Frachut.

b) Je ne sais pas, je ____________________ à Martin.

c) Je ne ____________________ pas le professeur.

d) ____________________ à ta mère !

e) Nous ____________________ à M. Laroche.

4 Die Verneinungen *ne ... pas, ne ... plus*

●●○ 1. Verneine die Aussagen mit *ne ... pas*. → Lösung S. 148

a) Il est de Paris.

Il n'est pas de Paris.

b) Elle parle à Kathrin.

____

c) Nous cherchons la boulangerie.

____

d) M. Dumartin téléphone à Mme Dreudon.

____

e) Ils aiment la France !

____

f) Sandro est le frère de Fleur.

____

●●● 2. Übersetze ins Französische. → Lösung S. 148

a) Er isst den Apfel nicht mehr.

____

b) Sie mag den Jungen nicht.

____

c) Wir bleiben nicht mehr in der Wohnung.

____

d) Céline fährt nicht nach Paris.

____

5 Die Verneinung mit oder ohne *de*

●○○ 1. Verbinde die passenden Satzteile. → Lösung S. 148

a) Je ne	plus de gâteau.
b) Elle ne prend	pas à la piscine.
c) Il n'a pas	cherche plus.
d) Elles ne sont	de portable ?

●●○ 2. Finde die passende Verneinung.
Ergänze die Sätze. → Lösung S. 148

a) Elle ________ cherche ______________ ! (*nicht mehr*)

b) David ________ a ______________ ordinateur. (*keinen*)

c) Elle ________ écoute ______________ . (*nicht*)

d) Il ________ a ______________ eau. (*kein … mehr*)

e) Nous ________ avons ______________ chiens. (*keine*)

●●○ 3. Beantworte die Fragen mit dem vorgeschlagenen Satzanfang. → Lösung S. 148

a) Elle fait une fête ?

Non, elle ne ______________________________

b) Est-ce qu'elle a des gâteaux ?

Non, elle ______________________________

c) Est-ce que tu manges des pommes ?

Non, je ______________________________

d) Vous aimez la musique ?

Non, nous ______________________________

6 Der Nebensatz mit *parce que* und *quand*

●○○ 1. Übertrage die Sätze ins Französische. Verwende *parce que* und achte dabei auf die Satzstellung. → Lösung S. 148

a) Er ist froh, weil er nach Hause gehen kann.

Il est content parce qu'il peut aller à la maison.

b) Wir können nicht kommen, weil wir krank sind.

____

c) Marie geht in die Bäckerei, weil sie Brot kaufen will.

____

d) Frau Dupuis geht in ein Restaurant, weil sie Hunger hat.

____

e) Ich zahle nicht, weil ich kein Geld habe.

____

●○○ 2. Übertrage die Sätze ins Französische und verwende dabei die Konjunktion *quand*. → Lösung S. 148

a) Was sagt man, wenn man eine Bäckerei sucht?

Qu'est-ce qu'on dit quand on cherche une boulangerie ?

b) Ich rufe dich an, wenn ich bei Martine ankomme.

____

c) Wenn es kalt ist, bleiben wir im Haus.

____

d) Was sagt man, wenn man nicht versteht?

____

e) Was suchst du, wenn du in einer Buchhandlung bist?

____

7 Gemischte Aufgaben

●●○ 1. Bilde Sätze aus den Satzbausteinen einer Reihe. Schreibe sie auf. Vorsicht, in jeder Reihe ist ein Wort zu viel.

→ Lösung S. 148

elle	foot	va	pas	Le	au	lundi,
Tu	fais	guitare	de	pas	un	ne
Aujourd'hui,	à	ne … pas	Marie	avec	parle	Luc
Nous	pas	de	ne	plus	Paris	sommes
Elle	des	ne	regarde	vacances	de	photos

a) ______________________

b) ______________________

c) ______________________

d) ______________________

e) ______________________

●●● 2. Übersetze die Sätze ins Französische.

→ Lösung S. 148

a) Ich mache diese Übung nicht!

____

b) Sie spricht mit André.

____

c) Sie fragt nicht ihren Vater.

____

d) Wir haben keinen Hunger.

____

1 Der Aussagesatz

Übungen ab S. 139

1. a) Paul écoute une chanson. b) Je vais à la boulangerie. c) Elle a beaucoup de BD d) Ils restent à la maison.

2. a) Demain, je vais au musée. / Je vais au musée demain. b) Il a trouvé le livre de Kathrin. c) Je cherche mon portable dans ma chambre. d) Il a treize ans.

2 Das direkte Objekt

Übungen ab S. 140

1. a) **regarder** la télé b) **faire** les devoirs c) **écouter** la musique d) **trouver** les clés e) **commencer** le déjeuner

2. b) Je chante une chanson. c) Ils font l'exercice. d) Il a une maison. e) Le chat cherche le chien. f) Nous aimons les gâteaux.

3. b) Il regarde le texte. c) Nous dansons une/la danse. d) Je souffle les bougies. e) Ils ont un frère. f) Tu préfères le foot.

3 Das indirekte Objekt

Übungen ab S. 141

1.

Deutsch	Französisch
mit jemandem sprechen	parler à quelqu'un
mit jemandem telefonieren	**téléphoner à quelqu'un**
jemanden etwas fragen	**demander quelque chose à quelqu'un**

2. a) Elle parle à son père. b) Lundi, Claire téléphone à sa cousine. c) Pierre demande le DVD à sa sœur. d) Karl demande l'exercice à sa copine.

3. Sie spricht mit ihrem Vater. b) Am Montag telefoniert Claire mit ihrer Cousine. c) Pierre fragt seine Schwester nach der DVD. d) Karl fragt seine Freundin nach der Übung.

4. b) Ils téléphonent à leur copain Maurice. c) Il parle à son père. d) Nous jouons avec Gino. e) Écoute la musique !

5. a) Demande **à** Patrick ! b) Tu cherches tes CD ? c) Nous téléphonons **à** Marie. d) Ils parlent **à** leur frère.

6. a) Ils **cherchent** les livres de Mme Frachut. b) Je ne sais pas, je **demande** à Martin. c) Je ne **regarde** pas le professeur. d) **Téléphone** à ta mère ! e) Nous **parlons** à M. Laroche.

4 Die Verneinungen *ne ... pas, ne ... plus*

→ Übungen ab S. 143

1. b) Elle ne parle pas à Kathrin. c) Nous ne cherchons pas la boulangerie. d) M. Dumartin ne téléphone pas à Mme Dreudon. e) Ils n'aiment pas la France ! f) Sandro n'est est pas le frère de Fleur.

2. a) Il ne mange plus la pomme. b) Elle n'aime pas le garçon. c) Nous ne restons plus dans l'appartement. d) Céline ne va pas à Paris.

5 Die Verneinung mit oder ohne *de*

→ Übungen ab S. 144

1. b) Elle ne prend plus de gâteau. c) Il n'a pas de portable ? d) Elles ne sont pas à la piscine.

2. a) Elle **ne** cherche **plus**. b) David **n'**a **pas d'**ordinateur. c) Elle **n'**écoute **pas**. d) Il **n'**a **plus d'**eau. e) Nous **n'**avons **pas de** chiens.

3. a) Non, elle **ne fait pas de fête**. b) Non, elle **n'a pas de gâteaux**. c) Non, je **ne mange pas de pommes**. b) Non, nous **n'aimons pas la musique**.

6 Der Nebensatz mit *parce que* und *quand*

→ Übungen ab S. 145

1. b) Nous ne pouvons pas venir parce que nous sommes malades. c) Marie va à la boulangerie parce qu'elle veut acheter du pain. d) Mme Dupuis va dans un restaurant parce qu'elle a faim. e) Je ne paie pas parce que je n'ai pas d'argent.

2. b) Je t'appelle quand j'arrive chez Martine. c) Quand il fait froid, on reste à la maison. d) Qu'est-ce qu'on dit quand on ne comprend pas ? e) Qu'est-ce que tu cherches quand tu es dans un librairie ?

7 Gemischte Aufgaben

→ Übungen ab S. 146

1. a) Le lundi, elle va au foot. b) Tu ne fais pas de guitare. c) Aujourd'hui, Marie ne parle pas à Luc. d) Nous ne sommes pas de Paris. e) Elle regarde des photos de vacances.

2. a) Je ne fais pas cet exercice ! b) Elle parle à André. c) Elle ne demande pas à son père. d) Nous n'avons pas faim. e) Il n'a pas de cadeau.

Die Frage

1 Die Intonationsfrage

●●○ 1. Höre genau zu. Kreuze an, ob du eine Intonationsfrage oder eine Aussage hörst.

→ Lösung S. 157

7

	Aussage	Intonationsfrage
a)		
b)		
c)		
d)		
e)		

●●● 2. Übersetze ins Französische. Benutze eine Intonationsfrage.

→ Lösung S. 157

a) Wohnt ihr in Paris?

____

b) Schaust du die DVD an?

____

c) Spielst du Fußball?

____

d) Ist er dreizehn Jahre alt?

____

Scanne den QR-Code und höre den Text an.

2 Die Entscheidungsfrage

●○○ 1. Kreuze nur die Entscheidungsfragen an. → Lösung S. 157

a) ☐ Il est sympa ?

b) ☐ Tu vas où ?

c) ☐ Qu'est-ce que tu fais ?

d) ☐ Il chante beaucoup ?

e) ☐ Ils ne parlent pas.

f) ☐ Léo, tu travailles ?

●●○ 2. Bilde eine Intonationsfrage zu diesen Antworten. → Lösung S. 157

a) *Tu habites à Berlin ?*

Oui, j'habite à Berlin.

b) ______________________________

Non, ils ne sont pas contents.

c) ______________________________

Oui, il a un vélo noir !

d) ______________________________

Oui, elle adore les chats !

e) ______________________________

Oui, nous allons à la boulangerie.

f) ______________________________

Non, elle ne reste pas.

3 Die Entscheidungsfrage mit *est-ce que*

●●○ 1. Bringe die Wörter in die richtige Reihenfolge.
Bilde sinnvolle Fragen mit *est-ce que*. → Lösung S. 157

a) le / il / est-ce qu' / aime / théâtre / ?

____

b) guitare / tu / est-ce que / la / fais / de / ?

____

c) invitez / vous / est-ce que / Flo / ?

____

d) école / beaucoup / l' / tu / est-ce que / travailles / pour / ?

____

e) mère / sa / à / parle / elle / est-ce qu' / ?

____

f) ils / est-ce qu' / bientôt / arrivent / ?

____

●●○ 2. Was bedeuten die Sätze aus Übung 1 auf Deutsch? → Lösung S. 157

a) ______________________________

b) ______________________________

c) ______________________________

d) ______________________________

e) ______________________________

f) ______________________________

4 Fragen mit Fragewörtern

●○○ 1. Finde sechs Fragewörter in der Buchstabenschlange. Kreise sie ein.

→ Lösung S. 158

q u a n d f o j j e f r f p a w c d n s n c n p o u r q u o i
c o m r e n t o u l q r z g h d c o ù i m c l a s m u q u i
c o m b i e n d n d w q r z g h d c o u i m c o m m e n t

●○○ 2. Verbinde die zusammengehörenden Satzteile.

→ Lösung S. 158

a) Qui	est-ce qu'il ne travaille pas ?
b) Qu'est-ce que	tu fais ?
c) Quand est-ce qu'	est là ?
d) Où	il arrive ?
e) Pourquoi	ça coûte ?
f) Combien	est-ce que vous êtes ?

●●○ 3. Fülle die Lücken mit dem richtigen Fragewort.

→ Lösung S. 158

comment • quand • qu'est-ce que • où • combien

a) ______________________ est-ce qu'il est à la maison ?

b) ______________________ c'est ?

c) ______________________ est-ce que vous allez ?

d) ______________________ ça fait ?

e) ______________________ tu t'appelles ?

f) Vous habitez ______________________ ?

g) ______________________ tu demandes ?

●●○ 4. Was passt in die Lücke? Kreuze an. → Lösung S. 158

a) ________ est-ce que tu aimes ?

☐ Qu' ☐ Que

b) ________ ça coûte ?

☐ Comment ☐ Combien

c) Ton père travaille ________ ?

☐ que ☐ où

d) ________ est-ce que le cours commence ?

☐ Quand ☐ Qu'

e) ________ tu n'aimes pas le foot ?

☐ Quand ☐ Pourquoi

●●● 5. Frage nach dem **fett gedruckten** Satzteil.
Bilde Fragen mit Fragewort und *est-ce que*. → Lösung S. 158

a) *Où est-ce qu'elle arrive ?*

Elle arrive **à Munich**.

b) ______________________________

Huit euros !

c) ______________________________

Il travaille **demain**.

d) ______________________________

Elles n'aiment pas l'athlétisme **parce qu'elles n'aiment pas le sport** !

e) ______________________________

On mange **dans une heure**.

f) ______________________________

Le film commence **à 20 heures 30**.

5 Gemischte Aufgaben

●●○ 1. Verbinde die Frage und die passende Antwort. → Lösung S. 158

a) Qu'est-ce que tu cherches ?	Là !
b) Tu es où ?	Parce qu'il est à la maison.
c) Qu'est-ce que tu fais ?	Mon DVD !
d) Pourquoi il n'est pas là ?	À une heure.
e) C'est quand ?	Mes devoirs.

●●○ 2. Bringe die Wörter in die richtige Reihenfolge.
Bilde sinnvolle Fragen. Konjugiere die Verben! → Lösung S. 158

a) est-ce que / aller / quand / Céline / tu / chez / ?

____

b) grande / habiter / dans / elle / une / maison / ?

____

c) est-ce que / français / tu / parler / ?

____

d) est-ce que / aimer / sport / tu / le / pourquoi / ?

____

e) musique / de / faire / la / tu / ?

____

f) musée / un / visiter / vous / ?

____

●●○ 3. Kreuze die passende Frage an. → Lösung S. 158

a) Oui !
- ☐ Est-ce que tu écoutes la chanson ?
- ☐ Qu'est-ce que c'est ?

b) Dans une heure.
- ☐ Quand est-ce qu'il commence ?
- ☐ Il commence où ?

c) C'est Pierre.
- ☐ C'est qui ?
- ☐ Qu'est-ce que c'est ?

d) À Paris.
- ☐ Elle est où ?
- ☐ C'est Paris ?

e) La clé ? Non …
- ☐ Qu'est ce que c'est ?
- ☐ Tu l'as trouvée ?

f) Non, Noémie.
- ☐ Il l'aime ?
- ☐ Est-ce qu'il aime Lily ?

●●○ 4. Finde die Frage zum **markierten** Satzteil.
Bilde immer Fragen mit *est-ce que*. → Lösung S. 158

a) *Quand est-ce qu'elle est à Lyon ?*
Elle est à Lyon **lundi**.

b) ______________________________
Oui, il arrive !

c) ______________________________
Non, je ne fais pas de sport.

d) ______________________________
Elle est **à l'école**.

e) ______________________________
Je suis **devant la boulangerie**.

f) ______________________________
Il fait **du vélo**.

●●● 5. Du lernst im Urlaub einen Franzosen kennen und möchtest einiges von ihm wissen. Stell die Fragen. Zum Beispiel … → Lösung S. 158

a) … wie er heißt.

____

b) … wo er wohnt.

____

c) … wie alt er ist.

____

d) … was er mag.

____

●●● 6. Übersetze die Fragen auf zwei verschiedenen Arten. → Lösung S. 158

a) Tanzt du?

Tu danses ?

Est-ce que tu danses ?

b) Mögt ihr Äpfel?

____

____

c) Warum bist du in deinem Bett?

____

____

d) Bereitest du eine Feier vor?

____

____

1 Die Intonationsfrage

Übungen ab S. 149

1.

	Aussage	Intonationsfrage
a)		✓
b)	✓	
c)		✓
d)		✓
e)	✓	

7

Hörverstehenstext:

Tu as faim ? • Elle trouve ses clés. • Elle travaille bien ? • Vous avez le livre ? • Elle écoute de la musique.

2. a) Vous habitez à Paris ? b) Tu regardes le DVD ? c) Tu fais du foot(ball) ? / Tu joues au foot(ball) ? d) Il a treize ans ?

2 Die Entscheidungsfrage

Übungen ab S. 150

1. a) d) f)

2. b) Ils sont contents ? c) Il a un vélo (noir) ? d) Elle aime / adore les chats ? e) Vous allez à la boulangerie ? / Nous allons à la boulangerie ? f) Elle reste ?

3 Die Entscheidungsfrage mit *est-ce que*

Übungen ab S. 151

1. a) Est-ce qu'il aime le théâtre ? b) Est-ce que tu fais de la guitare ? c) Est-ce que vous invitez Flo ? d) Est-ce que tu travailles beaucoup pour l'école ? e) Est-ce qu'elle parle à sa mère ? f) Est-ce qu'ils arrivent bientôt ?

2. a) Mag er Theater? b) Spielst du Gitarre? c) Ladet ihr Flo ein? / Laden Sie Flo ein? d) Arbeitest du viel für die Schule? e) Hat sie mit ihrer Mutter gesprochen? f) Kommen sie bald?

Scanne den QR-Code und höre den Text an.

4 Fragen mit Fragewörtern

Übungen ab S. 152

1. **q u a n d** f o j j e f r f p a w c d n s n c n **p o u r q u o i**
   c o m r e n t o u l q r z g h d c **o ù** i m c l a s m u q u i
   c o m b i e n d n d w q r z g h d c o u i m **c o m m e n t**

2. b) Qu'est-ce que tu fais ? c) Quand est-ce qu'il arrive ? d) Où est-ce que vous êtes ? e) Pourquoi est-ce qu'il ne travaille pas ? f) Combien ça coûte ?

3. a) **Quand** est-ce qu'il est à la maison ? b) **Qu'est-ce que** c'est ? c) **Où** est-ce que vous allez ? d) **Combien** ça fait ? e) **Comment** tu t'appelles ? f) Vous habitez **où** ? g) **Pourquoi** tu demandes ?

4. a) **Qu**'est-ce que tu aimes ? b) **Combien** ça coûte ? c) Ton père travaille **où** ? d) **Quand** est-ce que le cours commence ? e) **Pourquoi** tu n'aimes pas le foot ? f) **Quand** est-ce que le film commence ?

5. b) Combien est-ce que ça fait/coûte ? c) Quand est-ce qu'il travaille ? d) Pourquoi est-ce qu'elles n'aiment pas l'athlétisme ? e) Quand est-ce qu'on mange ?

5 Gemischte Aufgaben

Übungen ab S. 154

1. b) Tu es où ? Là ! c) Qu'est-ce que tu fais ? Mes devoirs. d) Pourquoi il n'est pas là ? Parce qu'il est à la maison. e) C'est quand ? À une heure.

2. a) Quand est-ce que tu vas chez Céline ? b) Elle habite dans une grande maison ? c) Est-ce que tu parles français ? d) Pourquoi est-ce que tu aimes le sport ? e) Tu fais de la musique ? f) Vous visitez un musée ?

3. a) Est-ce que tu écoutes la chanson ? b) Quand est-ce qu'il commence ? c) C'est qui ? d) Elle est où ? e) Tu l'as trouvée ? f) Est-ce qu'il aime Lily ?

4. b) Est-ce qu'il arrive ? c) Est-ce que tu fais du sport ? d) Où est-ce qu'elle est ? e) Où est-ce que tu es ? / Où est-ce que vous êtes ? f) Qu'est-ce qu'il fait ?

5. a) Tu t'appelles comment ? / Comment est-ce que tu t'appelles ? b) Tu habites où ? / Où est-ce que tu habites ? c) Tu as quel âge ? / Quel âge est-ce que tu as ? d) Tu aimes quoi ? / Qu'est-ce que tu aimes ?

6. b) Vous aimez les pommes ? / Est-ce que vous aimez les pommes ? c) Pourquoi tu es dans ton lit ? Pourquoi est-ce que tu es dans ton lit ? d) Tu prépares une fête ? / Est-ce que tu prépares une fête ?

TEXTVERSTÄNDNIS

Die Zahlen

1 0 – 10

●○○ 1. Kennst du die Zahlen? → Lösung S. 163

a) D E U X
b) T ___ ___ ___ ___
c) S ___ ___ ___
d) Q ___ ___ ___ ___ ___
e) D ___ ___
f) H ___ ___ ___
g) U ___
h) S ___ ___
i) N ___ ___ ___
j) C ___ ___ ___

●○○ 2. Notiere jetzt die Zahlen 1 – 10 in der richtigen Reihenfolge. Schreibe sie aus. → Lösung S. 163

____

____

____

____

____

●●○ 3. Was kostet wieviel? Trage den Preis in Zahlen ein. → Lösung S. 163

a) un livre ____________ (*neuf euros trois*)

b) une CD ____________ (*huit euros dix*)

c) dix pommes ____________ (*trois euros neuf*)

d) un chanson ____________ (*un euro*)

e) un kilo de fraises ____________ (*quatre euros cinq*)

f) une petite pizza ____________ (*six euros*)

2 11 – 69

●○○ 1. Schreibe die Zahlwörter auf Französisch. → Lösung S. 163

a) 11 ______

b) 21 ______

c) 45 ______

d) 51 ______

e) 68 ______

f) 32 ______

●●○ 2. Bringe diese Sätze ins Französische.
Schreibe dabei die Zahlen aus. → Lösung S. 163

a) Ich bin 13 Jahre alt.

______

b) Ich lade 29 Freunde ein.

______

c) In der Klasse sind wir 11 Jungen und 19 Mädchen.

______

d) Es kostet 58 Euro.

______

e) Mein Vater ist 51 Jahre alt.

______

f) Paul hat 36 Bücher in seinem Zimmer.

______

3 70 – 100

●○○ 1. Kannst du alle vollen Zehnerzahlen ausschreiben? → Lösung S. 163

a) 70 ______________________________

b) 80 ______________________________

c) 90 ______________________________

d) 100 ______________________________

●○○ 2. Verbinde die Rechnung mit dem passenden Ergebnis. → Lösung S. 163

a) soixante-dix + (plus) deux = (font)

b) quatre-vingt-dix-neuf – (moins) quatre-vingts =

c) cinquante et un + cinq =

d) soixante-huit + vingt et un =

e) soixante-douze – huit =

dix-neuf

soixante-douze

quatre-vingt-neuf

soixante-quatre

cinquante-six

●●○ 3. Höre genau zu. Notiere die richtige Telefonnummer.
Achtung! Es sind Zahlen von 0 bis 99 dabei! → Lösung S. 163

8

a) ______________________________

b) ______________________________

c) ______________________________

d) ______________________________

1 0 – 10

→ Übungen ab S. 160

1. b) trois c) sept d) quatre e) dix f) huit g) un h) six i) neuf j) cinq
2. un, deux, trois, quatre, cinq, six, sept, huit, neuf, dix
3. a) 9,03 € b) 8,10 € c) 3,09 € d) 1 € e) 4,05 € f) 6 €

2 11 – 69

→ Übungen ab S. 161

1. a) onze b) vingt-et-un c) quarante-cinq d) cinquante-et-un e) soixante-huit f) trente-deux
2. a) J'ai treize ans. b) J'invite vingt-neuf copains / amis. c) Dans la classe, nous sommes onze garçons et dix-neuf filles. d) Ça coûte cinquante-huit euros. e) Mon père a cinquante-et-un ans. f) Paul a trente-six livres dans sa chambre.

3 70 – 100

→ Übungen ab S. 162

1. a) soixante-dix b) quatre-vingts c) quatre-vingt-dix d) cent
2. a) soixante-douze (72) b) dix-neuf (19) c) cinquante-six (56) d) quatre-vingt-neuf (89) e) soixante-quatre (64)
3. Hörverstehenstext:

   8

   a) 04.73.38.57.96
   b) 06.23.65.87.28
   c) 03.98.88.76.67
   d) 01.45.54.76.80

Scanne den QR-Code und höre den Text an.

Die Zeit

1 Tageszeiten

1. Bildergeschichte: Was machst du am Vormittag und was am Abend.
Schreibe zu jedem Bild einen kleinen Text.

Lösung S. 168

a) *Le matin, je*

b) *Le soir, nous*

2 Uhrzeiten

●○○ 1. Was macht man gewöhnlich um diese Uhrzeit? Verbinde.

→ Lösung S. 168

a) sept heures vingt	regarder la télévision
b) une heure	manger
c) dix-sept heures	aller à l'école
d) huit heures et demie	faire les devoirs

●○○ 2. Notiere die angegebene Uhrzeit auf Französisch. Verwende die gesprochene Uhrzeit wie im Beispiel.

→ Lösung S. 168

a) 8 h 30 *Il est huit heures et demie.* ~~aller à l'école~~

b) 6 h 15 Il est six heures et quart.

c) 15 h 30 ______________________

d) 4 h 45 Il est ~~quatre~~ cinq heures moins le quart.

e) 9 h 10 Il est neuf heures et dix.

●●● 3. Deine Mutter bittet dich, deinen Austauschschüler Luc, etwas zu fragen. Du stellst die Fragen auf Französisch.

→ Lösung S. 168

a) Mutter: Gehst du um vier Uhr zum Fußball?

Du: ______________________

Luc: Non, je vais au foot à ______________ *(16:30 Uhr)*

b) Mutter: Geht ihr um zwanzig vor eins in die Mensa?

Du: ______________________

Luc: Non, on va à la cantine ______________ *(13:15 Uhr)*

c) Mutter: Hast du um halb neun Deutsch?

Du: ______________________

Luc: Non, j'ai allemand à ______________ *(14:45 Uhr)*

3 Wochentage und Monate

●○○ 1. Kreuze die Wochentage an.
Schreibe sie anschließend in der richtigen Reihenfolge auf.

→ Lösung S. 168

a) ☐ mamie ☐ mercredi ☐ maison
b) ☐ jeu ☐ jeudi ☐ jour
c) ☐ dimanche ☐ samedi ☐ mardi
d) ☐ lundi ☐ vendredi ☐ devoirs

e) ______________________________

____

____

●●○ 2. Finde in dem Wortgitter alle Monate.

→ Lösung S. 168

D	C	M	I	C	E	L	A	J	S
É	J	A	V	R	I	L	R	U	E
C	A	R	E	E	T	V	E	I	P
E	N	S	J	U	I	L	L	E	T
M	V	N	O	V	E	M	B	R	E
B	I	C	J	U	I	N	M	I	M
R	E	O	C	T	O	B	R	E	B
E	R	A	E	M	Z	L	S	L	R
H	L	Q	U	A	O	Û	T	M	E
F	É	V	R	I	E	R	N	S	N

4 Das Datum

●●○ 1. Höre genau zu.
Kreuze das passende Datum an. → Lösung S. 169

9

a) ☐ le 1.6 ☐ le 5.5
b) ☐ le 1.1 ☐ le 1.2
c) ☐ le 31.12 ☐ le 30.11
d) ☐ le 13.7 ☐ le 3.7
e) ☐ le 13.6 ☐ le 30.6

●●○ 2. Sieh dir die beiden Blätter aus Léas Kalender an.
Beantworte die Fragen. → Lösung S. 169

JUILLET	
01	*Anniversaire de Sophie*
02	
03	
04	*Manger chez mamie*

AOÛT	
01	
02	*Anniversaire de Paul*
03	
04 – 14	*Vacances !!!*

a) Quand est l'anniversaire de Paul ? ______________________

b) Quand est-ce que Léa mange chez mamie ? ______________________

c) Quand est l'anniversaire de Sophie ? ______________________

d) Léa va en vacances quand ? ______________________

e) Léa reste combien de jours en vacances ? ______________________

Scanne den QR-Code
und höre den Text an.

1 Tageszeiten

Übungen ab S. 164

1. Musterlösung:

   a) Le matin, je vais à l'école. En classe, je prends mes stylos et mon cahier. J'écoute le professeur. b) Le soir, nous mangeons ensemble : mon père, ma mère, mon frère et moi. Sur la table, il y a une salade, une baguette et un salami. J'ai faim !

2 Uhrzeiten

Übungen ab S. 165

1. a) sept heures vingt - aller à l'école manger b) une heure - manger c) dix-sept heures - faire les devoirs d) huit heures et demie - regarder la télévision

2. b) Il est six heures et quart. c) Il est trois heures et demie. d) Il est cinq heures moins le quart. e) Il est neuf heures dix.

3. a) Est-ce que tu vas au foot à quatre heures ? - Non, je vais au foot à quatre heures et demie. b) Est-ce que vous allez à la cantine à une heure moins vingt ? - Non, on va à la cantine à une heure et quart. c) Tu as allemand à huit heures et demie ? - Non, j'ai allemand à trois heures moins le quart.

3 Wochentage und Monate

Übungen ab S. 166

1. a) mercredi b) jeudi c) dimanche, samedi, mardi d) lundi, vendredi e) lundi, mardi, mercredi, jeudi, vendredi, samedi, dimanche

2.

D	C	M	I	C	E	L	A	J	S
É	J	A	V	R	I	L	R	U	E
C	A	R	E	E	T	V	E	I	P
E	N	S	J	U	I	L	L	E	T
M	V	N	O	V	E	M	B	R	E
B	I	C	J	U	I	N	M	I	M
R	E	O	C	T	O	B	R	E	B
E	R	A	E	M	Z	L	S	L	R
H	L	Q	U	A	O	Û	T	M	E
F	É	V	R	I	E	R	N	S	N

4 Das Datum

→ Übungen ab S. 167

1. a) le 5.5 b) le 1.2 c) le 31.12 d) le 3.7 e) le 13.6

   Hörverstehenstext:

   Aujourd'hui, c'est le 5 mai. • Maurice arrive le 1er février. • Qu'est-ce que vous faites le 31 décembre ? • Le 3 juillet, c'est les vacances ! • Vendredi, c'est le 13 juin.

2. a) le 2 août b) le 4 juillet c) le 1er juillet d) le 4 août e) 10 jours

Scanne den QR-Code und höre den Text an.

Kommunikation

1 Sich begrüßen

1. Du stehst vor diesen Personen: Wie begrüßt du sie?
Ergänze das fehlende Wort.

→ Lösung S. 176

a) ________________, Madame !

b) ________________, Marc !

c) ________________, Monsieur !

d) ________________, Lucy !

2. Höre die Dialoge an.
Ergänze dabei die Lücken im Text.

→ Lösung S. 176

10

a) – ________________ Marie !

– ________________ Isabelle. ________________ ?

b) – Corinne ?

– Oui. ________________ , moi, c'est Maude !

c) – ________________ , ça va ?

– Oui, merci. ________________ ?

Scanne den QR-Code und höre den Text an.

2 Sich verabschieden

●○○ 1. Wie verabschiedest du dich … → Lösung S. 176

a) … von den Eltern deines Austauschschülers? ______________________

b) … von deinen Freunden? ______________________

c) … von deinem Lehrer? ______________________

●●○ 2. Lies die SMS und unterstreiche die drei Abschiedsformeln. → Lösung S. 176

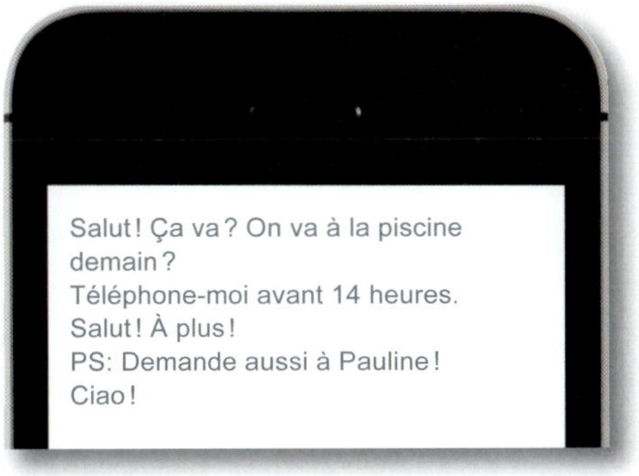

●●● 3. Deine deutsche Freundin bittet dich, den folgenden Text auf Französisch per SMS zu schicken.
Übrigens, eine SMS heißt auf Französisch *un* SMS! → Lösung S. 176

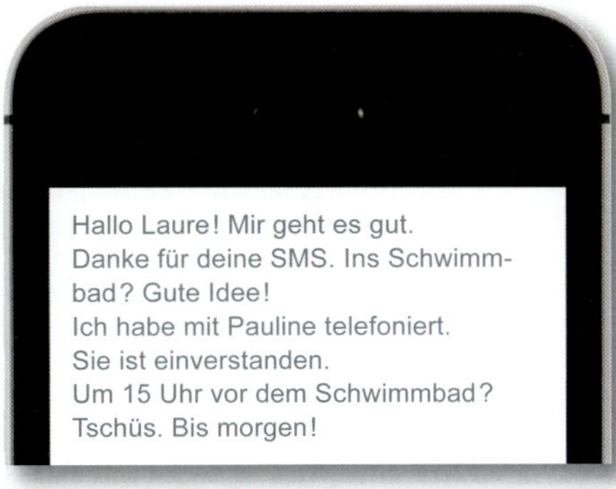

____
____
____
____
____
____
____
____
____

3 Sich vorstellen

1. In einem Chat stellen sich zwei Jugendliche vor.
Schreibe den passenden Namen zu den Fragen.

Lösung S. 176

Salut ! je m'appelle Tom.
J'ai quatorze ans.
J'adore le foot.
J'aime aussi les BD.
Je cherche un ami pour faire du sport avec moi.

Karine. 13 ans. Cherche copains et copines pour faire de la musique. Joue de la guitare.
Et toi, tu fais de la musique ? Tu chantes ?

a) Wer mag Musik? ______

b) Wer ist vierzehn? ______

c) Wer liest Comics? ______

d) Wer treibt Sport? ______

e) Wer mag Fußball? ______

f) Wer spielt ein Musikinstrument? ______

2. Du stellst deinem Austauschschüler deine Freunde vor.
Beantworte seine Fragen mithilfe der Stichwörter in Klammern.

Lösung S. 176

a) – C'est Lilly ?
– Oui ! ______.
(*13 Jahre, in deiner Klasse*)

b) – Et là, c'est qui ?
– ______.
(*Stefan, 14 Jahre, spielt mit dir Fußball*)

c) – Et elle ? Doreen ?
– Ah, Doreen ! ______.
(*auch 14 Jahre, nett, hübsch und gut in der Schule*)

4 Sich bedanken

●○○ 1. Welches Wort muss man unbedingt kennen, wenn man sich bedanken möchte. Kreise es in der Buchstabenschlange ein. → Lösung S. 176

e f h o m e r c r e d l f r o u a s h w k d q k c w l f e c h s g a
l e o f d v d l a j g h f h i h f g d f v h d f h o w e i f f h p d j g
f s o e j d f o f v j s o m e r c i f g k a o e t r n b v e l h f w j d

●●○ 2. Eine Freundin möchte eine Danke-Karte auf Französisch schreiben. Leider fallen ihr einige Wörter nicht mehr ein. Ergänze die Karte mithilfe der Wörter in Klammern. → Lösung S. 176

Chère Miriam,

____________________ (*danke*) pour
ton ____________________ (*Geschenk*) !
C'est très ____________________ (*hübsch*).
Encore ____________________ (*danke*).
Je suis très ____________________ (*glücklich*) !
C'est très ____________________ (*nett*).
Tu es une fille ____________________ (*genial*) !

Bises
Pia

5 Sich entschuldigen

1. Lies die E-Mail von M. Lallemand.
Kreuze an, ob die Aussagen richtig (vrai) oder falsch (faux) sind.
Ist die Aussage falsch, schreibe die korrekte Antwort auf Französisch auf.

Lösung S. 177

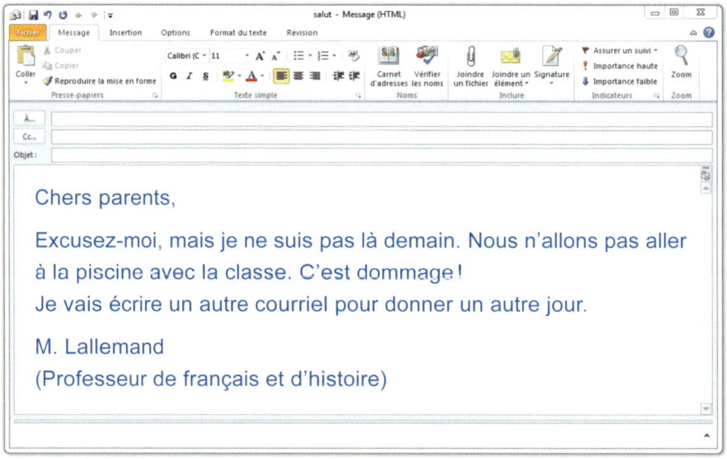

Chers parents,

Excusez-moi, mais je ne suis pas là demain. Nous n'allons pas aller à la piscine avec la classe. C'est dommage !
Je vais écrire un autre courriel pour donner un autre jour.

M. Lallemand
(Professeur de français et d'histoire)

	vrai	faux
a) Die Schüler gehen ins Schwimmbad.	☐	☐
b) M. Lallemand möchte sich in seiner E-Mail entschuldigen.	☐	☐
c) Der Ausflug fällt aus.	☐	☐
d) Der Ausflug wird verschoben.	☐	☐
e) M. Lallemand ist heute krank.	☐	☐
f) M. Lallemand unterrichtet Französisch und Deutsch.	☐	☐

6 Gemischte Aufgaben

●●○ 1. Was kann man in solchen Situationen sagen?
Kreuze an. Mehrere Lösungen sind möglich.

→ Lösung S. 177

a) wenn man ankommt:

☐ Bonjour !
☐ Salut !
☐ Pardon !

b) wenn man geht:

☐ À plus !
☐ Salut !
☐ Ciao !

c) wenn man sich entschuldigt:

☐ Pardon !
☐ Bonjour !
☐ Encore !

d) wenn man sich bedankt:

☐ Mère !
☐ Merci !
☐ À plus !

●●○ 2. Höre die beiden kurzen Dialoge an.
Ergänze dabei die Lücken.

→ Lösung S. 177

11

a) – ________________ Monsieur !

– ________________ Claire. ________________ ? C'est qui ?

– ________________ Paul Dujardin. Il est dans ma ________________ .

b) – Regarde, ce ________________ est pour toi !

– ________________ moi ? C'est sympa ! ________________ .

– ________________ , mais ________________ , ce n'est pas pour toi !

________________ pour Namira !

– Oh ...

Scanne den QR-Code
und höre den Text an.

1 Sich begrüßen

→ Übungen ab S. 170

1. a) **Bonjour**, Madame ! b) **Salut**, Marc ! c) **Bonjour**, Monsieur ! d) **Salut**, Lucy !

2. a) **Salut**, **Salut**, **Ça va** b) **Bonjour** c) **Salut**, **Ça va**, **et toi**

   10

   Hörverstehenstext:

   a) - Salut Marie ! - Salut Isabelle. Ça va ?
   b) - Corinne ? - Oui. - Bonjour, moi, c'est Maude !
   c) - Salut, ça va ? - Oui, merci. Ça va, et toi ?

2 Sich verabschieden

→ Übungen ab S. 171

1. a) Au revoir ! b) Salut ! c) Au revoir (Monsieur) !

2. Salut !, À plus !, Ciao !

3. Musterlösung:

   Salut Laure ! Ça va. Merci de / pour ton SMS. À la piscine ? C'est une bonne idée ! J'ai téléphoné à Pauline. Elle est d'accord. À 15 heures devant la piscine ? Salut. À demain !

3 Sich vorstellen

→ Übungen ab S. 172

1. a) Karine b) Tom c) Tom d) Tom e) Tom f) Karine

2. Musterlösung:

   a) C'est Lilly ? Oui, **elle a 13 ans. Elle est dans ma classe**. b) Et là, c'est qui ? **C'est Stefan. Il a 14 ans. Il fait du foot avec moi**. c) Et elle ? Doreen ? Ah, Doreen ! **Elle a aussi 14 ans. Elle est sympa, jolie. Elle est bonne à l'école**.

4 Sich bedanken

→ Übungen ab S. 173

1. e f h o m e r c r e d i l f r o u a s h w k d q k c w l f e c h s g a
   l e o f d v l a j g h f h i h f g d f v h d f h o w e i f f h p d j g
   f s o e j d f o f v j s o **m e r c i** f g k a o e t r n b v e l h f w j d

2. Chère Miriam,

   Merci pour ton **cadeau** ! C'est très **joli**. Encore **merci**. Je suis très **contente** ! C'est très **sympa**. Tu es une fille **géniale** !

   Bises
   Pia

5 Sich entschuldigen

→ Übungen ab S. 174

1. a) faux : Nous n'allons pas aller à la piscine avec la classe. b) vrai
   c) faux : Je vais écrire un autre courriel pour donner un autre jour. d) vrai
   e) faux : Je ne suis pas là aujourd'hui. f) faux : Il est professeur de français et d'histoire.

6 Gemischte Aufgaben

→ Übungen ab S. 175

1. a) Bonjour !, Salut ! b) À plus !, Salut !, Ciao ! c) Pardon ! d) Merci !

2. Hörverstehenstext:

   a) - **Bonjour**, Monsieur !
   - **Bonjour**, Claire. **Ça va ?** C'est qui ?
   - **C'est** Paul Dujardin. Il est dans ma **classe**.

   b) - Regarde, ce **cadeau** est pour toi !
   - **Pour** moi ? C'est sympa ! **Merci**.
   - **Pardon**, mais **non**, ce n'est pas pour toi ! **C'est** pour Namira !
   - Oh …

Scanne den QR-Code und höre den Text an.

Familie und Freunde

1 Unsere Familie

●●○ 1. Wer ist wer in der Familie? Trage die passende Bezeichnung auf Französisch ein.

→ Lösung S. 186

der Vater • die Großmutter • die Mutter • der Sohn • die Tochter • der Großvater

a) *Muriel est* ______.

b) *Paul est* ______.

c) *Émile est* ______.

d) *Léa est* ______.

e) *René est* ______.

f) *Lucie est* ______.

●●○ 2. Sieh dir noch einmal die Bilder in Übung 1 an. Finde die fehlenden Bezeichnungen.

→ Lösung S. 186

a) Paul et Muriel sont les ______.

b) Lucie et René sont les ______.

c) Léa et Émile sont les ______.

●●○ 3. Schwierige Familienverhältnisse!
Ergänze mit dem passenden Familienmitglied. → Lösung S. 186

a) Alain est le frère de ma mère, c'est mon ______________ .

b) Ma tante est la sœur de ma ______________ .

c) La mère de mon père est ma ______________ .

d) Je n'ai pas de sœur, mais un ______________ : Tom.

e) Mon cousin Marc est le ______________ de mon oncle Matthieu.

f) Mon grand-père a eu deux ______________ : mes tantes Nicole et Manuella.

●●○ 4. Über wen spricht Julie? Kreuze an. → Lösung S. 186

12

☐ Julie	☐ Antoine	☐ Antoinette
☐ Luc	☐ Lucette	☐ Ronja
☐ Richard	☐ Lise	☐ Lucie
☐ Laure	☐ Lucie	☐ Charlotte

●●○ 5. Höre dir den Text aus Übung 4 noch einmal an.
Schreibe die Namen der Familienmitglieder auf. → Lösung S. 186

12

a) la grand-mère de Julie : ______________

b) les oncles de Julie : ______________

c) la sœur de Lucie : ______________

d) les cousines de Julie : ______________

e) la tante de Lucie : ______________

f) la cousine de Charlotte : ______________

g) les oncles de Lucie et Charlotte : ______________

h) les enfants d'Antoinette : ______________

Scanne den QR-Code
und höre den Text an.

6. Dein Austauschschüler erzählt einem Freund etwas über deine Verwandten. Der Freund hat einige Nachfragen. Finde die passenden Fragen mithilfe der Hinweise in Klammern.

→ Lösung S. 186

a) – ____________________?

(*Wer ist das? Er will wissen, von wem die Rede ist.*)

– C'est Louise, la tante de Martin.

b) – ____________________?

(*Er fragt nach dem Alter.*)

– Elle a 23 ans !

c) – 23 ans ! ____________________?

(*Er will wissen, ob sie die Schwester der Mutter oder des Vaters ist.*)

7. Dorian will uns seine Familie vorstellen. Schreibe auf Französisch, was er sagt.

→ Lösung S. 186

a) Meine Brüder sind Mark und Benjamin.

____

b) Meine Schwester ist drei Jahre alt.

____

c) Unsere Eltern sind nett.

____

d) Meine Mutter hat einen Bruder.

____

e) Mein Onkel Bernd ist der Bruder meiner Mutter.

____

f) Ich habe keine Tante.

____

2 Alter, Herkunft und Nationalität

●○○ 1. Verbinde die passenden deutschen und französischen Fragen.

→ Lösung S. 186

a) Wie alt bist du?	Tu habites où ?
b) Wo wohnst du?	Est-ce que tu habites à Paris ?
c) Bist du aus Berlin?	Tu as quel âge ?
d) Bist du Deutscher?	Tu es allemand ?
e) Wohnst du in Paris?	Tu es de Berlin ?

●●○ 2. Kreuze die richtige Antwort an.

→ Lösung S. 186

a) Tu habites où ?
- ☐ À Lyon.
- ☐ Pour Lyon.

b) Tu es allemand ?
- ☐ Oui, je suis allemand.
- ☐ Non, je n'habite pas à Berlin.

c) Il a quel âge ?
- ☐ Il a faim.
- ☐ Il a trois ans.

d) Ils habitent en France ?
- ☐ Non, ils habitent à Paris.
- ☐ Oui, ils habitent à Paris.

e) Ils sont français ?
- ☐ Oui, ils sont à Lyon.
- ☐ Non, ils sont allemands.

f) Elle est de Lyon ?
- ☐ Non, de Paris.
- ☐ Oui, à Lyon.

g) Vous avez quel âge ?
- ☐ 14.
- ☐ 13 ans.

h) Vous habitez en Allemagne ?
- ☐ Oui, à Lyon.
- ☐ Non, en France.

3. Lies den Text und beantworte die Fragen dazu im ganzen Satz.

→ Lösung S. 186

Voilà mes amis : il y a Valérie, Frederico et Peter. Valérie a 13 ans. Elle fait de la danse. Mais elle n'aime pas l'école. Elle parle bien français parce que sa mère est de Paris. Elle habite à Leipzig. Peter est de Bonn, il a 12 ans et est très sympa. Et Frederico ? Je l'aime bien ! Il a 14 ans, il est grand et super sympa. Il habite chez sa tante à Munich. Ses parents sont à Madrid.

a) Quel âge a Valérie ?

____

b) Est-ce que Valérie est à Bonn ?

____

c) Est-ce que Peter est le frère de Valérie ?

____

4. Lies den Text aus Übung 3 noch einmal. Welche Aussagen richtig (vrai), welche sind falsch (faux). Verbessere, wenn der Satz falsch ist.

→ Lösung S. 186

	vrai	faux
a) Frederico est à Munich.	☐	☐
b) Valérie aime l'école.	☐	☐
c) La mère de Valérie est française.	☐	☐
d) Peter est sympa.	☐	☐
e) Frederico habite chez ses parents.	☐	☐

____

____

____

____

____

3 Beruf

●●○ 1. Mit diesen Silben kannst du vier Berufe bilden. Schreibe die Wörter mit ihrem Artikel auf. → Lösung S. 187

ven | as | fes | sis | chan

pro | deur | teur | seur | tant

un ______________________

____

____

____

●●● 2. Übersetze ins Französische. → Lösung S. 187

a) Mein Onkel ist Lehrer im Collège.

____

b) Meine Cousine ist Sängerin.

____

c) Sie arbeitet jetzt in einem Geschäft.

____

d) Fragst du den Verkäufer?

____

e) Sie ist Verkäuferin.

____

4 Kleidung

●○○ 1. Welches Kleidungsstück siehst du? → Lösung S. 187

a) ______________________

b) ______________________

c) ______________________

d) ______________________

e) ______________________

f) ______________________

●●○ 2. Ergänze das passende Kleidungsstück. → Lösung S. 187

a) Prends un p______________ ! Il fait froid aujourd'hui !

b) Comme les autres filles, Céline adore aussi les r______________ !

c) Ton p______________ noir et ta c______________ blanche sont jolis.

d) Je déteste les j______________ longues !

●●○ 3. Ergänze mit der passenden Farbe.
Achte auf die Form des Adjektivs!

→ Lösung S. 187

a) un pull ____________________ (*blau*)

b) des chemises ____________________ (*rot*)

c) une robe ____________________ (*weiß*)

d) des pulls ____________________ (*grün*)

e) des chaussures ____________________ (*grau*)

f) une jupe ____________________ (*schwarz*)

g) un pantalon ____________________ (*gelb*)

●●○ 4. Sieh dir die tollen Angebote an. Du suchst Schuhe.
Du magst nichts Buntes und du hast nicht viel Geld.
Der sportliche Typ bist du auch nicht.
Welches Angebot passt zu dir? Kreuze es an.

→ Lösung S. 187

DES CHAUSSURES !

Toujours des ***chaussures*** *!*
Aujourd'hui dans notre magasin : les chaussures sont à **40 €** !

☐ Angebot A

Tu aimes les **CHAUSSURES ROUGES** ?
Alors, tu vas trouver **TES** chaussures chez nous !
TES chaussures font entre **30 €** et **60 €**.

☐ Angebot B

TU FAIS **DU SPORT** ?
Tu aimes **les choses pratiques** ?
Alors, ***va vite*** au 30, rue du port chez **CHAUSS'BIEN** !

☐ Angebot C

1 Unsere Familie

→ Übungen ab S. 178

1. a) Muriel est **la mère**. b) Paul est **le père**. c) Émile est **le fils**. d) Léa est **la fille**. e) René est **le grand-père**. f) Lucie est **la grand-mère**.

2. a) Paul et Muriel sont **les parents**. b) Lucie et René sont les **grands-parents**. c) Léa et Émile sont **les enfants**.

3. a) Alain est le frère de ma mère, c'est mon **oncle**. b) Ma tante est la sœur de ma **mère**. c) La mère de mon père est ma **grand-mère**. d) Je n'ai pas de sœur, mais un **frère** : Tom. e) Mon cousin Marc est le **fils** de mon oncle Matthieu. f) Mon grand-père a deux **filles** : mes tantes Nicole et Manuella.

4. Julie, Antoinette, Luc, Richard, Laure, Lucie, Charlotte

   Hörverstehenstext:

   Moi, c'est Julie. Voilà ma famille ! Antoinette, c'est ma grand-mère. Ces deux fils Luc et Richard n'ont pas d'enfants. Sa fille Laure, elle, a deux filles, Lucie et Charlotte. Elles ont 10 et 12 ans maintenant.

5. a) Antoinette b) Luc, Richard c) Charlotte d) Lucie, Charlotte e) Laure f) Julie g) Luc, Richard h) Luc, Richard, Laure

   Hörverstehenstext:

   Moi, c'est Julie. Voilà ma famille ! Antoinette, c'est ma grand-mère. Ces deux fils Luc et Richard n'ont pas d'enfants. Sa fille Laure, elle, a deux filles, Lucie et Charlotte. Elles ont 10 et 12 ans maintenant.

6. a) Qui est-ce ? / C'est qui ? b) Elle a quel âge ? c) C'est la sœur de son père ou de sa mère ?

7. a) Mes frères sont Mark et Benjamin. b) Ma sœur a trois ans. c) Nos parents sont sympas. d) Ma mère a un frère. e) Mon oncle Bernd est le frère de ma mère. f) Je n'ai pas de tante.

2 Alter, Herkunft und Nationalität

→ Übungen ab S. 181

1. a) Wie alt bist du? Tu as quel âge ? b) Wo wohnst du? Tu habites où ? c) Bist du aus Berlin? Tu es de Berlin ? d) Bist du Deutscher? Tu es allemand ? e) Wohnst du in Paris? Est-ce que tu habites à Paris ?

2. a) À Lyon. b) Oui, je suis allemand. c) Il a trois ans. d) Oui, ils habitent à Paris. e) Non, ils sont allemands. f) Non, de Paris. g) 13 ans. h) Non, en France.

3. a) Valérie a 13 ans. b) Non, elle est à Leipzig. c) Non, il est l'ami de Valérie.

4. a) vrai b) faux : Valérie n'aime pas l'école. c) vrai d) vrai e) faux : Frederico habite chez sa tante.

Scanne den QR-Code und höre den Text an.

3 Beruf

→ Übungen ab S. 183

1. un professeur, un chanteur, un assistant, un vendeur

2. a) Mon oncle est professeur au collège. b) Ma cousine est chanteuse. c) Elle travaille maintenant dans un magasin. d) Tu demandes au vendeur ? / Est-ce que tu demandes au vendeur ? e) Elle est vendeuse.

4 Kleidung

→ Übungen ab S. 184

1. a) le pantalon b) la chemise c) les chaussures d) le pull e) la robe f) la jupe

2. a) Prends un **pull** ! Il fait froid aujourd'hui ! b) Comme les autres filles, Céline adore aussi les **robes** ! c) Ton **pantalon** noir et ta **chemise** blanche sont jolis. d) Je déteste les **jupes** longues !

3. a) un pull **bleu** b) des chemises **rouges** c) une robe **blanche** d) des pulls **verts** e) des chaussures **grises** f) une jupe **noire** g) un pantalon **jaune**

4. Angebot A

Unser Haus

1 Rund ums Haus

●●○ 1. Wie heißen die Zimmer auf Französisch?
Bringe die Buchstaben in die richtige Reihenfolge.
Schreibe den Artikel dazu. → Lösung S. 192

a) a b h r m c e ___la___

b) t e t i l o s e t ______

c) n u c e i s i ______

d) l a l s e e d a s b n i ______

●○○ 2. Was bedeuten die Wörter aus Übung 1 auf Deutsch? → Lösung S. 192

a) ______ b) ______

c) ______ d) ______

●●● 3. Beschreibe, wie es bei dir zu Hause aussieht.
Benutze dabei die folgenden Wörter: → Lösung S. 192

chambre • chaise • table • cuisine • salle de bains

4. M. und Mme Dupont suchen ein neues Haus.
Sie haben zwei Kinder und brauchen
für jedes Kind ein Zimmer.
Eine große Küche wäre auch gut,
aber wichtiger sind die Anzahl der Zimmer
und der Preis: auf gar keinen Fall über 2000 €.
Sie finden die beiden folgenden Anzeigen im Internet.
Beantworte die Fragen in ganzen Sätzen.

→ Lösung S. 192

Maison 1
Maison, 3 chambres, cuisine,
salle de bains, toilettes,
2 000 euros, Lyon, 140 m^2
Pour visiter : 06.05.45.78.34

Maison 2
Maison avec piscine,
100 m^2, très grande cuisine,
WC, deux chambres
Téléphone : 04.43.38.76.96

a) Combien de chambres a la maison 1 ?

___

b) Comment est la cuisine de la maison 2 ?

___

c) Combien coûte la maison 1 ?

___

d) Combien de chambres a la maison 2 ?

___

e) Le numéro de téléphone pour avoir trois chambres ?

___

f) Les Dupont vont prendre la maison 1 ou la maison 2 ?

___

2 Gegenstände im Haus

●●○ 1. Wie heißt der Gegenstand auf Französisch? Schreibe den Artikel dazu.

→ Lösung S. 192

a) l' ______

b) ______

c) ______

d) ______

e) ______

f) ______

g) ______

h) ______

2. Beschreibe beide Zimmer mit deinen eigenen Worten.
Bilde ganze Sätze.

→ Lösung S. 192

a) Dans la chambre de Julie, ______________________

____

____

____

____

b) Dans notre cuisine, ______________________

____

____

____

____

1 Rund ums Haus

→ Übungen ab S. 188

1. a) la chambre b) les toilettes c) la cuisine d) la salle de bains

2. a) Schlafzimmer b) Toilette c) Küche d) Badezimmer

3. Musterlösung:

   J'ai une grande maison ! Regarde ! Là, c'est la cuisine. Nous avons une grande table et cinq chaises : une pour papa, une pour maman, une pour ma sœur Muriel, une pour moi et une pour notre chien Hugo ! Et voilà ma chambre ! Super, non ? Et là, c'est la chambre de Muriel et ici, la chambre de mes parents. Elle est jolie ma maison, non ?

4. a) Elle a trois chambres. b) Elle est très grande. c) Elle coûte 2 000 euros. d) Elle a deux chambres. e) C'est le 06.05.45.78.34. f) Ils vont prendre la maison 1.

2 Gegenstände im Haus

→ Übungen ab S. 190

1. a) l'ordinateur b) le lit c) l'étagère d) la lampe e) la chaise f) la table g) les CD h) l'armoire

2. Musterlösung:

   a) Dans la chambre de Julie, il y a un lit, une étagère, un bureau et une chaise. Dans l'étagère, elle a des livres. Sa chambre est jolie. b) Dans notre cuisine, nous avons une table et quatre chaises pour mon père, ma mère, mon frère et moi. Notre cuisine est grande.

Schule

1 Rund um die Schule

●●○ 1. Erkennst du diese Orte in der Schule?
Bringe die Buchstaben in die richtige Reihenfolge.
Schreibe den Artikel dazu.

→ Lösung S. 196

a) n i n a t e c   la ______________________

b) r u o c   ______________________

c) l a s e l e d l a s c e s   ______________________

d) D I C   ______________________

●○○ 2. Welche Gegenstände findest du oder brauchst du in der Schule? Kreuze sie an.

→ Lösung S. 196

- ☐ le cahier
- ☐ l'ordinateur
- ☐ la table
- ☐ le mois
- ☐ la question
- ☐ le garçon
- ☐ le crayon
- ☐ le livre
- ☐ la chaise

●●○ 3. Ergänze die Sätze mit dem passenden Wort auf Französisch.

→ Lösung S. 196

Stühle • arbeiten • Hausaufgabenheft • Computer • Übungen • Stifte

a) Je fais mes ______________ dans mon

______________________ .

b) Je n'ai pas mes ______________ pour ______________ .

c) Il y a deux ______________ dans notre classe.

d) Il n'y a pas de ______________ dans le gymnase.

2 Der Stundenplan

●○○ 1. Finde in der Buchstabenschlange sieben Schulfächer. Kreise sie ein.

→ Lösung S. 196

f é o a t f w a l l e m a n d l s l p l e g é o d g w u q u e

h i s s r o o m é h e s o f r a n ç a i s a c o m p é u t e r

f a m i l a n g l a i s y c a r t h e y p e n m u s I q u e

g i r l b a g t e a m a t h s p o s t e r p h o r o n s p o r t

●●○ 2. Höre das Gespräch an. Ergänze die Übersicht.

→ Lösung S. 196

13

Jour	Heure	Cours	Salle
lundi	10 h 15		A 10
		allemand	
mercredi			
			C 21
vendredi	11 h 30		

●●○ 3. Höre den Dialog aus Übung 3 noch einmal an. Beantworte die Fragen in ganzen Sätzen.

→ Lösung S. 196

13

a) Quand est l'allemand maintenant ?

____

b) Qu'est-ce que c'est en A 10 ?

____

c) Est-ce que l'anglais est le mercredi matin ?

____

●●○ 4. In einem Chat liest du die folgende Nachricht. Beantworte die Fragen. Bilde ganze Sätze auf Französisch.

→ Lösung S. 196

Moi, j'adore l'anglais ! Le prof
est très sympa. On regarde
des films. On cherche des mots.
On parle toujours en anglais.
On écoute de la musique.
J'aime bien aussi le français.
Mais je déteste les maths !
Momo

a) Welche Fächer mag Momo?

____

b) Wie ist der Englischlehrer?

____

c) Was macht Momo im Englischunterricht?

____

d) Welches Fach mag er nicht?

____

Scanne den QR-Code und höre den Text an.

1 Rund um die Schule

→ Übungen ab S. 193

1. a) la cantine b) la cour c) la salle de classe d) le CDI

2. le cahier, le crayon l'ordinateur, le livre, la table, la chaise

3. a) Je fais mes **devoirs** dans mon **cahier d'exercices**. b) Je n'ai pas mes **crayons** pour **travailler**. c) Il y a deux **ordinateurs** dans notre classe. d) Il n'y a pas de **chaises** dans le gymnase.

2 Der Stundenplan

→ Übungen ab S. 194

1. f é o a t f w **a l l e m a n d** l s l p l e **g é o** d g w u q u e
h i s s r o o m é h e s o **f r a n ç a i s** a c o m p é u t e r
f a m i l **a n g l a i s** s y c a r t h e y p e n **m u s i q u e**
g i r l b a g t e a **m a t h s** p o s t e r p h o r o n **s p o r t**

2.

Jour	Heure	Cours	Salle
lundi	10 h 15	**géo**	A 10
mardi	**11 h 30**	allemand	**B 16**
mercredi	**9 h 45**	**maths**	**C 2**
jeudi	**8 h**	**anglais**	C 21
vendredi	11 h 30	**allemand**	**A 11**

Hörverstehenstext:

- On a un nouvel emploi du temps.
- Ah bon ? Qu'est-ce que ça veut dire pour nous ?
- On a géo maintenant le lundi après la récréation de 10 heures.
- D'accord.
- On a aussi allemand le mardi et le vendredi à 11 h 30.
- Tu as la salle ?
- Oui, salle B 16 le mardi et salle A 11 le vendredi.
- OK. Et le mercredi ?
- Comme toujours, maths en C 2 à 9 h 45 heures. Ah oui, on a anglais maintenant le jeudi matin.
- À 8 heures ?
- Oui, à 8 heures …

3. a) L'allemand est le mardi et le vendredi à 11 h 30. b) En A 10, c'est (la) géo. c) Non, l'anglais est le jeudi matin à 8 heures.

4. Musterlösung:

a) Il adore l'anglais et il aime bien aussi le français. b) Le prof d'anglais est sympa. c) Il regarde des films, il cherche des mots, il parle toujours en anglais et il écoute de la musique. d) Il déteste les maths.

Scanne den QR-Code und höre den Text an.

Ferien

1 Im Urlaub

●○○ 1. Was kann man im Urlaub machen?
Verbinde die zusammengehörenden Satzteile. → Lösung S. 202

a) En vacances, nous allons faire	la télévision.
b) Le soir, je vais regarder	un musée.
c) Nous allons aller	du vélo.
d) Ils vont visiter	pas travailler.
e) Ils ne vont	faire du sport.
f) Nous allons	en France.

●●● 2. Was kannst du noch im Urlaub machen?
Übersetze die Sätze ins Französische. → Lösung S. 202

a) In den Ferien mache ich eine Party.

____

b) Ich verbringe zwei Wochen bei meiner Cousine.

____

c) Wir spielen Spiele.

____

d) Am 14. Juli schauen wir das Feuerwerk an.

____

e) Ich fahre in den Parc Astérix.

____

3. Deine Austauschpartnerin hat dir eine Postkarte aus ihrem Sommerurlaub geschickt. Lies die Karte und beantworte die Fragen auf Französisch.

→ Lösung S. 202

Salut Mia !

Bises de vacances ! Je suis à Paris avec ma famille. Ici, ça va bien ! La ville est géniale. Maintenant, nous sommes à la tour Eiffel. Elle est très grande ! Après, nous allons au musée du Louvre.
La ville est super : la Seine, les maisons, les Champs-Élysées !
Ma mère voudrait un cadeau de mon père ... Mais c'est très cher ici !
Je prends aussi beaucoup de photos.
Nous allons aller à Disneyland Paris ! Je suis super contente !
Nous habitons dans un camping à 30 km de Paris. C'est cool !
Ça va en Allemagne ? Qu'est-ce que tu fais pour les vacances ?

À bientôt !
Claire

a) Wo ist Claire im Urlaub? ______________________

b) Mit wem macht sie Urlaub? ______________________

c) Wie findet Claire die Stadt? ______________________

d) Wo sind sie gerade? ______________________

e) Wo gehen sie danach hin? ______________________

f) Was möchte Claires Mutter? ______________________

g) Wo übernachten sie? ______________________

4. Du schreibst Pia eine Postkarte aus dem Urlaub. Schreibe die Karte auf Französisch und schreibe über die folgenden Themen:

→ Lösung S. 202

Begrüße sie und erzähle vom Wetter.

Leider ist es nicht so schön, aber die Ferien sind trotzdem toll.

Du übernachtest heute Abend bei Freunden.

Ihr werdet morgen ein Museum besichtigen.

Heute Abend wollt ihr Spiele spielen.

Du verabschiedest dich und unterschreibst die Karte.

Mlle Brougureau Pia
3, place de l'église
63 450 Cournon
France

2 Das Wetter

●●○ 1. Beschreibe das Wetter.
Ordne jedem Bild einen Satz zu.

→ Lösung S. 202

il pleut • il fait froid • il fait chaud • il ne fait pas très beau •
il y a beaucoup de soleil • il fait beau

a) ____________________ b) ____________________ c) ____________________

d) ____________________ e) ____________________ f) ____________________

●●○ 2. Höre den kurzen Wetterbericht an.
Kreuze an, welches Wetter beschrieben wird.

→ Lösung S. 202

14

☐ Il fait beau.
☐ Il fait froid.
☐ Le temps n’est pas super.

Scanne den QR-Code
und höre den Text an.

3 Tiere und Haustiere

●●○ 1. Suche die folgenden Tiere im Wortgitter.
Kreise sie ein.

→ Lösung S. 202

Hund • Kaninchen • Fisch • Schildkröte • Hamster • Katze

C	H	I	E	N	D	P	A	É	S
H	C	T	C	H	E	O	C	H	É
A	H	O	L	A	P	I	N	S	H
T	N	R	N	O	I	S	A	B	C
R	J	T	N	J	E	S	S	T	O
É	V	U	F	O	I	O	T	O	U
P	A	E	S	É	T	N	L	B	N
H	A	M	S	T	E	R	V	É	E

●○○ 2. Wie lauten die Tiernamen aus Übung 1 im Plural?
Notiere den Artikel dazu.

→ Lösung S. 202

les ______________________________

____

____

____

____

____

1 Im Urlaub

→ Übungen ab S. 197

1. b) Le soir, je vais regarder **la télévision**. c) Nous allons aller **en France**. d) Ils vont visiter **un musée**. e) Ils ne vont **pas travailler**. f) Nous allons **faire du sport**.

2. Pendant les vacances, je fais une fête. b) Je passer deux semaines chez ma cousine. c) Nous faisons des jeux. d) Le 14 juillet, nous regardons le feu d'artifice. e) Je vais au Parc Astérix.

3. a) Claire est à Paris. b) Elle est avec sa famille c) La ville est géniale, super. d) Ils sont à la tour Eiffel. e) Ils vont au musée du Louvre. f) Elle voudrait un cadeau de son père. g) Ils habitent dans un camping à 30 km de Paris.

4. Chère Pia, Ça va ? Les vacances sont super ici. Mais il ne fait pas très beau. Et chez toi ? Ce soir, je passe la nuit chez des copains. Et demain, nous allons visiter un musée et nous allons faire des jeux ce soir.
   À bientôt !

   Bises Claire

2 Das Wetter

→ Übungen ab S. 200

1. a) Il fait beau. b) Il y a beaucoup de soleil. c) Il fait chaud. d) Il fait froid. e) Il pleut. f) Il ne fait pas très beau.

2. Il fait beau.

   Hörverstehenstext:

   14

   Bonjour ! Le temps d'aujourd'hui ? Aujourd'hui, il va faire un super temps ! Il fait chaud, il fait 30 degrés ! Alors, allez à la piscine !

3 Tiere und Haustiere

→ Übungen ab S. 201

1.

C	**H**	**I**	**E**	**N**	D	**P**	A	É	S
H	C	**T**	C	H	E	**O**	C	H	É
A	H	**O**	**L**	**A**	**P**	**I**	**N**	S	H
T	N	**R**	N	O	I	**S**	A	B	C
R	J	**T**	N	J	E	**S**	S	T	O
É	V	**U**	F	O	I	**O**	T	O	U
P	A	**E**	S	É	T	**N**	L	B	N
H	**A**	**M**	**S**	**T**	**E**	**R**	V	É	E

Scanne den QR-Code und höre den Text an.

2. les chiens, les lapins, les hamsters, les chats, les tortues, les poissons

Freizeit

1 Mein Hobby

●○○ 1. Verbinde die zusammengehörenden Wörter. → Lösung S. 208

a) aller	des chansons
b) chanter	chez un copain
c) écouter de	au théâtre
d) faire du	les magasins
e) aller	vélo
f) faire	la musique

●●○ 2. Um welches Hobby geht es hier?
Finde den passenden Ausdruck auf Französisch. → Lösung S. 208

mit einem Freund spielen • fernsehen • in den Park gehen • Tennis spielen

a) ______________________

b) ______________________

c) ______________________

d) ______________________

3. Du hast im Internet folgende Informationen gefunden. Lies den Artikel und kreuze an, ob die Aussagen richtig (vrai) oder falsch (faux) sind. Korrigiere die falschen Antworten im ganzen französischen Satz. → Lösung S. 208

Tu cherches une activité ?

Voilà : les garçons et les filles de ton âge vont au « Club sympa » rue Victor Hugo. On fait des jeux ensemble. On chante. On danse. On écoute de la musique. On parle. On joue au foot.

Intéressé(e) ?

	vrai	faux
a) Die Aktivitäten sind für kleine Kinder und Jugendliche.	☐	☐
b) « Club sympa » ist der Name der Straße.	☐	☐
c) Victor Hugo ist ein Junge im Club.	☐	☐
d) Dort kann man tanzen und singen.	☐	☐
e) Es wird keine Musik gehört.	☐	☐
f) Man darf Fußball spielen.	☐	☐

2 Ein Anruf

●●● 1. Höre genau zu und schreibe auf, was Catherine sagt. → Lösung S. 208

15

– ____________________________________

– Bonjour, Catherine, c'est Franck !

– ____________________________________

– Oui, ça va ! Merci. Qu'est-ce que tu fais cette après-midi ?

– ____________________________________

– On va à la piscine. Estelle, Marc et moi. On t'invite !

– ____________________________________

____

– D'accord ! Salut. À plus !

●●○ 2. Finde im Dialog aus Übung 1 passende Ausdrücke für die folgenden Situationen. → Lösung S. 208

a) wie man sich am Telefon meldet: ________________

b) wie man sich verabschiedet: ________________

c) wie man jemanden nach seinem Befinden fragt: ________________

d) wie man jemanden einladen kann: ________________

e) wie man seine Zustimmung zeigen kann: ________________

Scanne den QR-Code und höre den Text an.

3 Ins Kino gehen

1. Sieh dir das Filmplakat an und schreibe einen kurzen Text. Die Fragen helfen dir.

Lösung S. 208

- Le film s'appelle comment ?
- Qui sont les trois personnes ?
- Où sont-ils ?
- Qu'est-ce qu'ils font ?

2. Deine Freundin hat noch ein paar Fragen zu deinem Plan, ins Kino zu gehen. Sie stellt Fragen auf Französisch: Sie möchte wissen, …

Lösung S. 208

a) … um wie viel Uhr der Film anfängt.

b) … wo das Kino ist.

c) … ob sie auch Sophie einladen kann.

d) … ob du gern ins Kino gehst.

4 Eine E-Mail schreiben

1. Du willst deiner Freundin Léa in Frankreich eine E-Mail über deine Hobbys schreiben. Mache dir zuerst ein paar Notizen mithilfe der folgenden Fragen. → Lösung S. 209

Qu'est-ce que tu aimes ? Qu'est-ce que tu n'aimes pas ?

Tu fais tes hobbys quand ? Tu fais tes hobbys où ? Avec qui ?

____

____

____

____

____

____

Schreibe nun die E-Mail und frage Léa auch nach ihren Hobbys. → Lösung S. 209

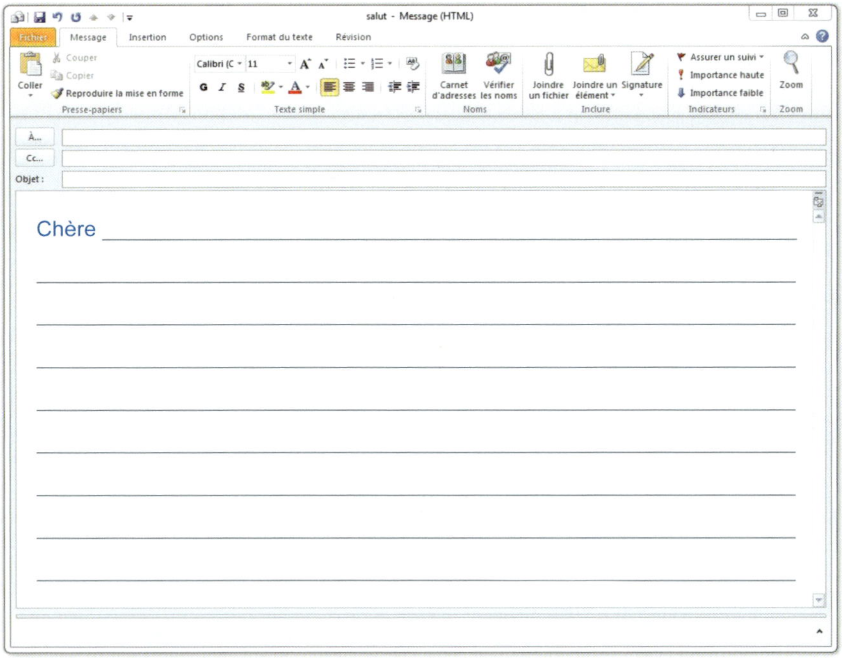

1 Mein Hobby

→ Übungen ab S. 203

1. a) aller au théâtre b) chanter des chansons c) écouter de la musique d) faire du vélo e) aller chez un copain f) faire les magasins

2. a) regarder la télé(vision) b) jouer avec un copain c) aller dans le parc d) jouer au tennis

3. a) faux : Les activités sont pour les garçons et les filles de ton âge. b) faux : « Club sympa » est le nom du club d'activités. c) faux : « Victor Hugo » est le nom de la rue. d) vrai e) faux : On écoute de la musique. f) vrai

2 Ein Anruf

→ Übungen ab S. 205

15

1. Hörverstehenstext:

Catherine :	**Allô ?**
Franck :	Bonjour, Catherine, c'est Franck !
Catherine :	**Ah, salut Franck ! Ça va ?**
Franck :	Oui, ça va ! Merci. Qu'est-ce que tu fais cette après-midi ?
Catherine :	**Je ne sais pas encore. Et toi ?**
Franck :	On va à la piscine. Estelle, Marc et moi. On t'invite !
Catherine :	**Bonne idée ! Merci. J'arrive à 14 heures. D'accord ?**
Franck :	D'accord ! Salut. À plus !

2. a) Allô ? b) Salut ! c) Ça va ? d) On t'invite ! e) D'accord !

3 Ins Kino gehen

→ Übungen ab S. 206

1. Musterlösung:

   Le film s'appelle « En vacances en Normandie ». Les trois personnes sont la mère, le père et le fils. Ils sont à la mer. Ils font du vélo.

2. a) À quelle heure commence le film ? / Le film commence à quelle heure ? b) Le cinéma est où ? c) Je peux inviter Sophie aussi ? d) Tu aimes aller au cinéma ?

Scanne den QR-Code und höre den Text an.

4 Eine E-Mail schreiben

→ Übungen ab S. 207

1. Musterlösung:

   Je joue aux cartes, j'aime la gymnastique, je vais chez des amis, je prépare des gâteaux, je joue de la guitare, je fais du foot, je n'aime pas les fêtes en famille, je fais mes hobbys le soir et je vais à la gymnastique le mercredi, je suis beaucoup à la maison, j'écoute de la musique ou je regarde la télévision, je vais aussi chez mes amis ou au gymnase, je joue aux cartes avec ma famille, je vais au cinéma avec mes copains.

2. Musterlösung:

   Chère Léa,

   Oui, j'ai des hobbys ! Je fais beaucoup de choses ! Je joue aux cartes. J'aime bien les jeux avec les copains ou avec ma famille. Le soir, je joue. J'aime aussi la gymnastique. Je vais au gymnase le mercredi.
   Je vais aussi chez mes amis. J'ai beaucoup d'amis. J'invite mes amis à la maison. Je prépare aussi des gâteaux.
   Mais je n'aime pas les fêtes en famille. Et toi ?
   Qu'est-ce que tu fais les week-ends ? Tu as des hobbys ?

   À bientôt !
   Bises
   Fatima

Musik und Sport

1 Musik

●○○ 1. Wie heißen diese Musikinstrumente?
Nenne auch den Artikel. → Lösung S. 214

a) le ____________________ b) ____________________

c) ____________________ d) ____________________

●●● 2. Du schreibst in einem Chat über deine Musikvorlieben.
Schreibe, dass du Saxofon spielst. Du hast mit 5 Jahren angefangen zu spielen und spielst jetzt in einer Band.
Schreibe, welche Musik du magst und welche nicht. → Lösung S. 214

Salut! ____________________

2 Sport

●●○ 1. Ergänze mit dem Verb *faire* und der passenden Sportart.

→ Lösung S. 214

a) tanzen — faire de la danse

b) Fußball spielen ______

c) schwimmen ______

d) Fahrrad fahren ______

e) turnen ______

f) Leichtathletik machen ______

g) Judo betreiben ______

●●● 2. Übersetze die Sätze ins Französische. Bilde die Fragen mit *est-ce que*.

→ Lösung S. 214

a) Treibst du Sport?

______

b) Magst du Turnen?

______

c) Er spielt nicht Fußball.

______

d) Ich hasse Judo.

______

e) Schwimmst du?

______

f) Macht ihr Leichtathletik?

______

3. In deiner Schule werden Sport-AGs angeboten. Lies die Angebote und kreuze an, ob die Aussagen richtig (vrai) oder falsch (faux) sind. Korrigiere die falschen Antworten in ganzen französischen Sätzen. → Lösung S. 214

Vélo

Tu as envie de faire du vélo avec tes copains ? Tous les mercredis de 16 heures à 17 h 30 ?

L'activité vélo est pour toi !

Foot

Cette année, on va être super bons: 12 garçons et filles !

Mardi 17 h – 18 h

Danse

Tu aimes danser ? Tu aimes la musique ? Tu vas aimer notre activité dans le gymnase le lundi.

Bienvenue aux élèves de cinquième !

	vrai	faux
a) Fußball wird nur für Jungen angeboten.	☐	☐
b) Die Fahrrad-AG findet jeden Dienstag statt.	☐	☐
c) Die Fußball-AG endet um sechs Uhr.	☐	☐
d) Die Schüler der Tanz-AG treffen sich in der Turnhalle.	☐	☐
e) Die Tanz-AG ist nur für Mädchen.	☐	☐

3 Gemischte Aufgaben

●●○ 1. Die Schüler unterhalten sich über ihre Hobbys. Lies, was sie sagen, und trage unten unter dem passenden Bild ein, wer was macht: Vorsicht! Ein Bild ist zu viel.

→ Lösung S. 214

Gregory : Tu fais du sport, Hannah?

Hannah : Oui, je fais de l'aviron. J'adore être sur l'eau !

Gregory : Et toi, Susie ?

Susie : Moi et le sport ? Ah non, je déteste le sport !

Gregory : Bon … Mais moi, j'adore le sport … le foot bien sûr ! Le foot, c'est ma vie ! Je suis le nouveau Götze ! Et toi, Martin ?

Martin : Gregory, le nouveau Götze … Pas moi … Moi, je fais de la musique.

Gregory : Qu'est-ce que tu fais ?

Martin : Je fais de la flûte ! Comme toi, Karim, non ?

Karim : Non. Moi, je fais de la guitare.

a) ____________________

b) ____________________

c) ____________________

d) ____________________

e) ____________________

f) ____________________

1 Musik

→ Übungen ab S. 210

1. a) le violon b) la guitare c) le piano d) la flûte

2. Musterlösung:

   Salut ! Moi, je joue du saxophone. J'ai commencé à 5 ans. Je joue bien maintenant. Je suis dans un groupe de musique pop.
   Tu aimes aussi la musique ? Moi, j'adore ! J'aime le rock, la musique pop, mais je déteste le rap. Et toi ? J'écoute aussi un peu de musique classique, c'est sympa. Ciao !

2 Sport

→ Übungen ab S. 211

1. b) faire du foot c) faire de la natation d) faire du vélo e) faire de la gymnastique f) faire de l'athlétisme g) faire du judo

2. a) Est-ce que tu fais du sport ? b) Est-ce que tu aimes la gymnastique ? c) Il ne fait pas de foot. / Il ne joue pas au foot. d) Je déteste le judo. e) Est-ce que tu fais de la natation ? f) Est-ce que vous faites de l'athlétisme ?

3. a) faux : Le Football est pour 12 garçons et filles. b) faux : Le vélo est tous les mercredis c) vrai d) vrai e) faux : La danse est pour tous les élèves de cinquième.

3 Gemischte Aufgaben

→ Übungen ab S. 213

1. a) Karim b) Susie c) Hannah d) – e) Martin f) Gregory

Einkaufen

1 Geschäfte

●○○ 1. Die Namen der Geschäfte sind durcheinander geraten: Bringe die Buchstaben in die richtige Reihenfolge und ergänze den Begleiter.

→ Lösung S. 220

a) g e o i e b r u l n a la ____________________

b) r i i a l r e b i ____________________

c) e p s r u h c é r a m ____________________

●●○ 2. Kennst du die Vokabeln? Trage ein, was du siehst und markiere, wo du einkaufst.

→ Lösung S. 220

	à la boulangerie	à la librairie	dans un autre magasin

2 Wie viel darf es sein?

1. Du bist in Frankreich bei deiner Gastfamilie.
Was würdest du in den folgenden Situationen sagen? → Lösung S. 220

a) Dans la cuisine :

- Pour ce gâteau allemand, tu prends combien de farine ?

____

(*Du brauchst eine Packung Mehl.*)

b) Pour la liste des courses :

____

(*Du willst wissen, was du kaufen sollst.*)

c) Au marché :

- Combien de pommes est-ce que tu veux ?

____

(*Du willst ein Kilo.*)

2. Übersetze die Sätze ins Französische. → Lösung S. 220

a) Sie kauft ein Kilo Zucker und eine Packung Mehl.

____

b) Sie nimmt drei Flaschen Wasser.

____

c) Wir suchen eine Tafel Schokolade und sechs Eier.

____

d) In meinem Kuchen sind (gibt es) Eier, Mehl, Milch und Zucker.

____

3 Bezahlen

●●○ 1. Du willst Äpfel kaufen. Wie fragst du nach dem Preis?
Kreuze die passenden Fragen an. → Lösung S. 220

a) ☐ Est-ce que vous avez des pommes ?

b) ☐ Ça coûte combien ?

c) ☐ Vous avez quel âge ?

d) ☐ Combien font les pommes ?

e) ☐ Combien coûtent les pommes ?

f) ☐ Les pommes sont chères ?

g) ☐ Où sont les pommes, s'il vous plaît ?

●●● 2. Übersetze ins Französische.
Schreibe die französischen Zahlen aus. → Lösung S. 220

a) Was kostet das Buch?

____

b) Das Buch kostet neun Euro fünfzig.

____

c) Wie viel macht es?

____

d) Es ist sehr teuer!

____

e) Die Hose kostet siebzig Euro neunundneunzig.

____

4 Gemischte Aufgaben

●●○ 1. Höre die kurzen Dialoge an.
Ergänze dabei die Lücken.

16

→ Lösung S. 220

a) - Ce ____________________ ? ____________________ combien ?

- C'est ____________________ euros.

- Il est ____________________ !

b) - ____________________ Monsieur !

6 pommes, s'il vous plaît !

- Et voilà !

- Ça coûte ____________________ ?

- 4 ____________________ 10 !

- Voilà !

- ____________________ , au revoir !

c) - Tu ____________________ ces crayons ?

- Non, je prends deux stylos noirs.

- Tu les as trouvés ?

- Oui, mais ils coûtent combien ?

- ____________________ à la ____________________ !

- ____________________ , Madame, les deux crayons noirs

____________________ combien, ____________________ ?

Scanne den QR-Code
und höre den Text an.

2. Was sagt man in solchen Situationen? Kreuze an. → Lösung S. 220

a) Du willst CDs kaufen:
- ☐ Je cherche des CD.
- ☐ J'aime ces CD !

b) Du gibst das Geld:
- ☐ Voilà !
- ☐ C'est trois euros !

c) Du willst Croissants kaufen:
- ☐ J'aime les croissants !
- ☐ Deux croissants, s'il vous plait !

d) Du brauchst Äpfel:
- ☐ Je trouve les pommes.
- ☐ Je voudrais des pommes.

e) Du fragst nach dem Preis:
- ☐ Combien de pommes ?
- ☐ Combien ça coûte ?

f) Etwas ist sehr teuer:
- ☐ C'est très joli !
- ☐ C'est très cher !

g) Du bist nicht sicher, ob der Preis stimmt:
- ☐ C'est dix euros ?
- ☐ Vous avez dix euros ?

h) Du sagst dem Verkäufer, dass du etwas nicht kaufen willst:
- ☐ Je ne le prends pas.
- ☐ Je ne le cherche pas.

i) Du fragst die Verkäuferin, wo die Kuchen sind.
- ☐ Comment sont les gâteaux ?
- ☐ Où sont les gâteaux ?

j) Du sagst deiner Freundin, dass du etwas nicht magst.
- ☐ Je ne regarde pas.
- ☐ Je n'aime pas.

1 Geschäfte

→ Übungen ab S. 215

1. a) la boulangerie b) la librairie c) le supermarché

2.

	à la boulangerie	à la librairie	dans un autre magasin
un pain	✓		
des livres		✓	
un gâteau	✓		
des pommes			✓
des cahiers		✓	
un CD			✓
des crayons		✓	

2 Wieviel darf es sein?

→ Übungen ab S. 216

1. Musterlösung:

   a) Je prends un paquet de farine. b) Qu'est-ce que j'achète ? c) Je voudrais un kilo de pommes, s'il vous plaît !

2. a) Elle achète un kilo de sucre et un paquet de farine. b) Elle prend trois bouteilles d'eau. c) Nous cherchons une tablette de chocolat et six œufs. d) Dans mon gâteau, il y a des œufs, de la farine, du lait et du sucre.

3 Bezahlen

→ Übungen ab S. 217

1. b), d), e)

2. a) Combien coûte le livre ? b) Le livre coûte neuf euros cinquante. c) Ça coûte / fait combien ? d) C'est très cher ! e) Le pantalon coûte soixante-dix euros quatre-vingt-dix-neuf.

4 Gemischte Aufgaben

→ Übungen ab S. 218

16

1. Hörverstehenstext:

   a) – Ce **CD** ? **C'est** combien ? – C'est **24** (**vingt-quatre**) euros. – Il est **cher** ! b) – **Bonjour**, Monsieur ! 6 pommes, s'il vous plaît ! – Et voilà ! – Ça coûte **combien** ? – 4 **euros** 10 ! – Voilà ! – **Merci**, au revoir ! c) – Tu **prends** ces crayons ? – Non, je prends deux stylos noirs. – Tu les as trouvés ? – Oui, mais ils coûtent combien ? – **Demande** à la **vendeuse** ! – **Pardon**, Madame, les deux crayons noirs **coûtent** combien, **s'il vous plaît** ?

2. a) Je cherche des CD. b) Voilà ! c) Deux croissants, s'il vous plait ! d) Je voudrais des pommes. e) Combien ça coûte ? f) C'est très cher. g) C'est dix euros ? h) Je ne le prends pas. I) Où sont les gâteaux ? j) Je n'aime pas.

Scanne den QR-Code und höre den Text an.

Im Restaurant

1 Ein Menü zusammenstellen

●○○ 1. Verbinde die deutschen und die französischen Wörter, die zusammengehören.

→ Lösung S. 224

a) le dessert — das Hauptgericht

b) le plat principal — die Vorspeise

c) l'entrée — die Nachspeise

●●○ 2. Schreibe die genannten Gerichte an den richtigen Platz in der Speisekarte.

→ Lösung S. 224

salade de tomates • salade de fruits • concombres • poisson et pommes de terre • gâteau • pain et pâté • fraises au chocolat • lapin à la moutarde

Le Menu

Entrée

____

____

____

Plat

____

____

____

Dessert

____

____

____

2 Bestellen und bezahlen

●●○ 1. Höre den kurzen Dialog an.
Fülle dabei die Lücken im Text.

→ Lösung S. 224

17

- Bonjour ! Vous ____________________ ?
- Bonjour ! Je ____________________
  un ____________________ , s'il vous plaît !
- Et moi, je ____________________ un ____________________ .
- Et pour ____________________ ?
- Vous avez la ____________________ ?

●○○ 2. Du bekommst die Speisekarte: Du möchtest etwas zum Essen bestellen. Verbinde die französischen Sätze und die passenden Sätze auf Deutsch.

→ Lösung S. 224

a) Un gâteau aux pommes, s'il vous plaît !	Für mich einen Schokoladenkuchen.
b) Je prends deux gaufres.	Ich möchte eine Crêpe.
c) Pour moi, un gâteau au chocolat.	Einen Apfelkuchen bitte !
d) Je voudrais une crêpe.	Ich nehme zwei Waffeln.

●●○ 3. Bist du fertig mit dem Essen? Dann musst du nur noch bezahlen. Kreuze an, was du sagst.

→ Lösung S. 224

- ☐ Je voudrais rentrer !
- ☐ Ça va ?
- ☐ Ça fait combien ?
- ☐ C'est ça ?

Scanne den QR-Code
und höre den Text an.

4. Was kann man im Restaurant in den folgenden Situationen sagen? Kreuze an. Mehrere Antworten sind möglich.

→ Lösung S. 224

a) um ein Getränk zu bestellen:

- ☐ Je voudrais une eau minérale.
- ☐ Je prends un coca.
- ☐ Un diabolo, s'il vous plaît !

b) um eine Nachspeise zu bestellen:

- ☐ Vous avez des crêpes ?
- ☐ J'adore le gâteau au chocolat.
- ☐ Deux crêpes nutella !

c) um sein Essen zu bezahlen:

- ☐ C'est cher ?
- ☐ Ça fait combien ?
- ☐ Combien de crêpes ?

d) wenn es gut schmeckt:

- ☐ C'est chaud.
- ☐ C'est bon.
- ☐ C'est froid.

5. Deine Freundin Laura möchte etwas essen und trinken. Hilf ihr und bestelle auf Französisch.

→ Lösung S. 224

Laura: Ich möchte ein Mineralwasser.

Du: a) ______________________________

Laura: Ich nehme auch einen kleinen Kuchen.

Du: b) ______________________________

Laura: Wie viel macht es?

Du: c) ______________________________

Deine Freundin Julia sagt, dass sie keinen Hunger hat.

Wie sagst du das auf Französisch?

Du: d) Julia ______________________________

1 Ein Menü zusammenstellen

→ Übungen ab S. 221

1. a) le dessert – die Nachspeise b) le plat principal – das Hauptgericht c) l'entrée – die Vorspeise

2. Entrée : salade de tomates, concombres
   Plat : poisson et pommes de terre, lapin à la moutarde, pain et pâté
   Dessert : fraises au chocolat, gâteau, salade de fruits

2 Bestellen und bezahlen

→ Übungen ab S. 222

17

1. Hörverstehenstext:

   Ober: – Bonjour ! Vous désirez ?
   Mädchen: – Bonjour ! Je voudrais un coca, s'il vous plaît !
   Junge: – Et moi, je prends un jus de pomme.
   Ober: – Et pour manger ?
   Junge: – Vous avez la carte ?

2. a) Un gâteau aux pommes, s'il vous plaît ! – Einen Apfelkuchen bitte! b) Je prends deux gaufres. – Ich nehme zwei Waffeln. c) Pour moi, un gâteau au chocolat. – Für mich einen Schokoladenkuchen. d) Je voudrais une crêpe. – Ich möchte eine Crêpe.

3. Ça fait combien ?

4. a) Je voudrais une eau minérale. Je prends un coca. Un diabolo, s'il vous plaît ! b) Vous avez des crêpes ? Deux crêpes nutella ! c) Ça fait combien ? d) C'est bon.

5. a) Elle voudrait une eau minérale. b) Elle prend aussi un petit gâteau. c) Ça fait combien ? d) Julia n'a pas faim.

Scanne den QR-Code und höre den Text an.

In der Stadt

1 Wegbeschreibung

●○○ 1. Sortiere die Buchstaben und finde sechs Verben, die etwas mit der Stadt zu tun haben. → Lösung S. 231

a) r e s r e v a r t ______________________

b) e e a r r g d r ______________________

c) r e r d p n e ______________________

d) o t r n u r e ______________________

e) e r e r c h c h ______________________

f) e r l a l ______________________

●○○ 2. Was bedeuten die Verben aus Übung 1 auf Deutsch? → Lösung S. 231

a) ______________ b) ______________

c) ______________ d) ______________

e) ______________ f) ______________

●○○ 3. Verbinde die zusammengehörenden Wörter. → Lösung S. 231

a) traverser la	gauche
b) tourner à	carrefour
c) aller	rue
d) regarder une	à droite
e) aller jusqu'au	carte

●●○ 4. Ergänze den Dialog mit den angegebenen Wörtern.
Vergiss nicht, die Verben zu konjugieren! → Lösung S. 231

musée • tourner • rue • loin • boulangerie • carrefour • chercher • trouver • traverser • à droite

– Bonjour ! Vous ____________________ quelque chose ?

– Oui, nous cherchons le ____________________ Lenotre.

– Ah ! Il n'est pas ____________________ .

Vous ____________________ la ____________________ et vous allez jusqu'à la ____________________ .

Vous faites un kilomètre et vous ____________________ ____________________ . Le musée est au ____________________ .

– Ah merci. Nous allons ____________________ maintenant.

– Au revoir ! Bonne journée !

●●● 5. Übersetze ins Französische. → Lösung S. 231

a) Ich überquere die Kreuzung.

____

b) Ich gehe bis zur Bäckerei.

____

c) Wir suchen das Collège.

____

d) Biegen Sie rechts ab und nehmen Sie die Straße Desjardins.

____

e) Ist der Marktplatz weit?

____

6. Du bist im Urlaub in Italien.
Ein Franzose fragt dich nach dem Weg zum Kolosseum (Colosseo). Wie erklärst du es ihm?
Du bist gerade auf der Kreuzung Via Depretis / Via Viminale.
Schreibe deine Erklärung auf.

→ Lösung S. 231

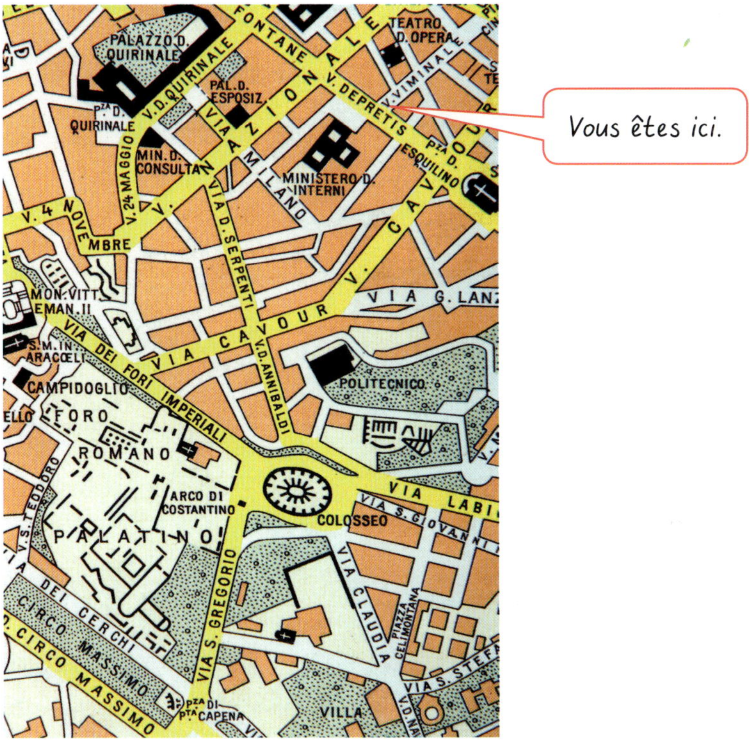

2 Verkehrsmittel

●●○ 1. Wie heißen diese Verkehrsmittel?
Schreibe die Vokabel mit dem Artikel unter das Bild. → Lösung S. 231

a) le ______________________

b) ______________________

c) ______________________

d) ______________________

e) ______________________

f) ______________________

●○○ 2. Wie heißt der richtige Ort? → Lösung S. 231

a) Où arrive le train ? à la ______________________

b) Tu prends le métro où ? à la ______________________

c) Et l'avion, tu prends où ? à l' ______________________

d) Pendant la nuit, la voiture est au ______________________

●●○ 3. Höre die Dialoge an.
Ordne die bunt geschriebenen Wörter den Dialogen zu.
Aufpassen! Eins bleibt übrig.

18

→ Lösung S. 231

en vacances | à la gare | super | 20 € | 2,50 € | au marché | au téléphone

Dialogue 1	Dialogue 2	Dialogue 3

●●● 4. Übersetze ins Französische.

→ Lösung S. 232

a) Ich verlasse den Bus vor der Schule.

____

b) Wir nehmen ein Taxi.

____

c) Ich gehe zu Fuß zur Bäckerei.

____

d) Ich fahre mit dem Bus zur Schule.

____

e) Wir fahren mit dem Auto zum Bahnhof.

____

f) Ich fliege zu meinen Großeltern.

____

Scanne den QR-Code und höre den Text an.

3 Ein Ausflug in die Stadt

●○○ 1. Kreuze die Sachen an, die man in einer Stadt findet. → Lösung S. 232

a) ☐ maisons ☐ gymnastique ☐ mots
b) ☐ balade ☐ cathédrale ☐ cantine
c) ☐ anniversaire ☐ cafés ☐ magasins
d) ☐ théâtre ☐ écoles ☐ rues

●●○ 2. Am Wochenende plant deine französische Freundin einen Ausflug in die Stadt. → Lösung S. 232

Du schreibst ihr eine Nachricht und fragst:
- wo ihr euch trefft,
- wann sie in der Stadt ankommt.
- Du sagst, du kommst um halb 11 an.
- Du fragst, wer mitkommt und was ihr machen werdet.
- Du schlägst ihr auch etwas vor (denk dir etwas Tolles aus).

Salut! ______________________________

1 Wegbeschreibung

→ Übungen ab S. 225

1. a) traverser b) regarder c) prendre d) tourner e) chercher f) aller

2. a) überqueren b) (an)schauen c) nehmen d) (ab)biegen e) suchen f) gehen, fahren

3. b) tourner à gauche c) aller à droite d) regarder une carte e) aller jusqu'au carrefour

4. - Bonjour ! Vous **cherchez** quelque chose ?
   - Oui, nous cherchons le **musée** Lenotre.
   - Ah ! Il n'est pas **loin**. Vous **traversez** la **rue** et vous allez jusqu'à la **boulangerie**. Vous faites un kilomètre et vous **tournez à droite**. Le musée est au **carrefour**.
   - Ah merci. Nous allons **trouver** maintenant.
   - Au revoir ! Bonne journée !

5. a) Je traverse le carrefour. b) Je vais jusqu'à la boulangerie.
   c) Nous cherchons le collège. d) Tournez à droite et prenez la rue Desjardins.
   e) La place du marché est loin ? / Est-ce que la place du marché est loin ?

6. Traversez la rue Via Depretis et continuez à gauche jusqu'à la rue V. Cavour. Au carrefour, tournez à droite. C'est la rue V. Cavour. Après, c'est un peu loin, mais vous arrivez à la rue Via dei Fori Imperiali. Continuez tout droit jusqu'à Colosseo. Et voilà, vous êtes là.

2 Verkehrsmittel

→ Übungen ab S. 228

1. a) le métro b) la voiture c) l'avion d) le vélo e) le bus f) le train

2. a) à la gare b) à la station c) à l'aéroport d) au garage

3.

Dialogue 1	Dialogue 2	Dialogue 3
au marché	à la gare	au téléphone
2,50 €	20 €	super

18

Hörverstehenstext:

Dialogue 1 :
- Bonjour Madame ! Vous désirez ?
- Un kilo de pommes.
- Voilà, Madame !
- C'est combien ?
- 2,50 euros, s'il vous plaît.
- Voilà ! Merci, Monsieur.

Scanne den QR-Code und höre den Text an.

Dialogue 2 :
- Bonjour !
- Bonjour, Madame. Un ticket pour Paris en train.
- Oui ... En TGV ?
- Non !
- D'accord. Alors c'est vingt euros, s'il vous plaît !

Dialogue 3 :
- Salut, ça va ?
- Ça va. Et toi ?
- Super, c'est les vacances !

4. a) Je quitte le bus devant l'école. b) Nous prenons un taxi. c) Je vais à pied à la boulangerie. / Je vais à la boulangerie à pied. d) Je vais en bus à l'école. / Je vais à l'école en bus. e) Nous allons en voiture à la gare. / Nous allons à la gare en voiture. f) Je vais (en avion) chez mes grands-parents. / Je vais chez mes grands-parents (en avion).

3 Ein Ausflug in die Stadt

→ Übungen ab S. 230

1. a) maisons b) cathédrale c) cafés, magasins d) théâtre, écoles, rues

2. Musterlösung:

   Salut ! Bonne idée ! On se retrouve où ? À quelle heure tu arrives en ville ? Moi, j'arrive à 10 h 30. On va en ville avec qui ? Et qu'est-ce qu'on va faire ? Tu as des idées ? On fait les magasins ? On va au musée ? On visite la Tour Eiffel ? Bises

Geburtstage

1 Die Einladung

1. Lies die beiden Geburtstagseinladungen, die du bekommen hast. Beantworte die Fragen und trage den passenden Namen ein.

→ Lösung S. 239

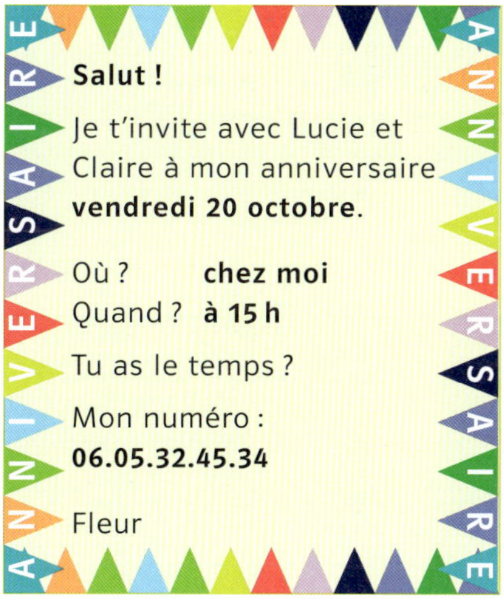
ANNIVERSAIRE

Salut !

Je t'invite avec Lucie et Claire à mon anniversaire **vendredi 20 octobre**.

Où ? **chez moi**
Quand ? **à 15 h**

Tu as le temps ?

Mon numéro :
06.05.32.45.34

Fleur

Mercredi, c'est mon **anniversaire** !

Je fais une grande fête samedi avec beaucoup de copains chez moi à 18 heures.

On va chanter.
On va danser.
On va manger !

Tu me téléphones ?
06.05.33.45.43

Ben

Zu wem gehst du, wenn ...

a) ... du mittwochs und freitags nicht kannst? ________________

b) ... du Tanzen und Singen nicht magst? ________________

c) ... du die Nummer 06.05.33.45.43 gewählt hast? ________________

d) ... du den Termin am Freitag notiert hast? ________________

e) ... du große Partys magst? ________________

f) ... du eingeladen wärst? ________________

●●● 2. Schreibe eine E-Mail als Antwort auf die Einladung von Ben aus Übung 1. Schreibe mithilfe dieser Ideen: → Lösung S. 239

Du möchtest dich unbedingt bedanken. Du freust dich sehr auf die Einladung, weil du gerne singst und tanzt. Du wirst aber ein bisschen später kommen. Du möchtest wissen, wer noch eingeladen ist und ob du einen Tipp für ein Geschenk haben kannst.

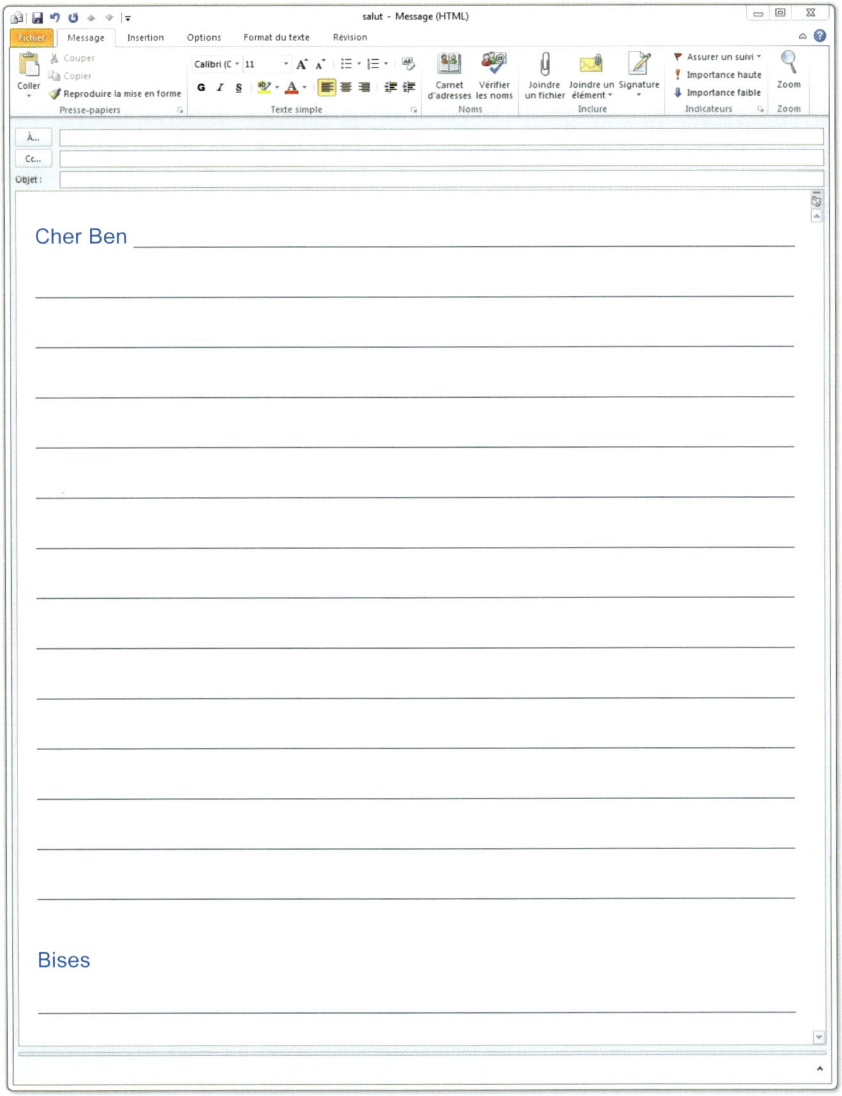

2 Meine Geburtstagsfeier

1. Du kennst schon viele Wörter zum Thema „Geburtstag".
Übersetze ins Französische. → Lösung S. 239

a) der Kuchen ______________________

b) das Geschenk ______________________

c) die Freunde ______________________

d) die Kerze ______________________

e) die Feier, die Party ______________________

f) ausblasen ______________________

g) der Geburtstag ______________________

2. Bildergeschichte: meine Geburtstagsfeier.
Schreibe einen kleinen Text zum Bild. → Lösung S. 239

Je ______________________

3 Geschenke

●○○ 1. Was kannst du deinen Freunden schenken?
Gib auch immer den Begleiter an.

→ Lösung S. 239

a) une ____________ b) ____________

c) ____________ d) ____________

e) ____________ f) ____________

g) ____________ h) ____________

●○○ 2. Verbinde die zusammengehörenden Wörter. → Lösung S. 239

a) une bonne	français
b) un livre en	gâteau
c) un DVD	BD
d) un bon	carte
e) une jolie	intéressant

●●○ 3. Finde das passende Wort.
Ergänze die Sätze und achte dabei auf die richtige Form des eingesetzten Wortes. → Lösung S. 239

trouver • ami • cadeau • chercher • idée

a) Elle invite ses ____________________ à sa fête.

b) Ils cherchent une ____________________ pour Estelle.

c) Nous ____________________ aussi sur Internet.

d) Tu as une idée de ____________________ ?

e) Tu vas ____________________ un bon DVD ?

●●● 4. Übersetze die Sätze ins Französische. → Lösung S. 239

a) Ich finde ein gutes Buch.

____

b) Wir suchen ein Geschenk im Internet.

____

c) Ich habe keine Idee für meinen Vater.

____

d) Ihr macht einen Kuchen für mich.

____

4 Gemischte Aufgaben

1. Was kann man in solchen Situationen sagen? Kreuze an.

→ Lösung S. 239

a) wenn man jemanden einlädt:
- ☐ Je te téléphone.
- ☐ Je t'invite.

b) wenn man sein Geschenk gibt:
- ☐ C'est pour toi !
- ☐ Un cadeau ?

c) wenn man eine Einladung annimmt:
- ☐ Oui, je suis là !
- ☐ Oui, je suis grand !

d) wenn man eine Einladung ablehnt:
- ☐ Oh non, je suis en vacances.
- ☐ Non, elle ne m'invite pas.

e) wenn man sich freut:
- ☐ Je suis content.
- ☐ Je suis petit.

f) wenn man jemandem gratuliert:
- ☐ Bonnes vacances !
- ☐ Joyeux anniversaire !

g) wenn man sich bedankt:
- ☐ Pardon !
- ☐ Merci !

h) wenn man seine Freude zeigt:
- ☐ C'est sympa, merci !
- ☐ C'est loin !

i) wenn man mit jemandem zusammen etwas verschenkt:
- ☐ On fait un cadeau ensemble ?
- ☐ Ils arrivent ensemble ?

j) wenn man wissen will, ob das Geschenk gefällt:
- ☐ Tu trouves ?
- ☐ Tu aimes ?

1 Die Einladung

→ Übungen ab S. 233

1. a) Ben b) Fleur c) Ben d) Fleur e) Ben f) (persönliche Antwort)

2. Musterlösung:

   Cher Ben,

   Super ! Merci pour ton invitation ! Je suis très contente. Mais j'arrive à 19 heures. D'accord ?
   Une grande fête : c'est une bonne idée ! J'adore la danse. Et je chante bien. Mais tu as invité qui ? Beaucoup de copains et copines ? Tom et Sébastien aussi ?
   Une question : tu as une idée pour un cadeau ?

   Bises
   Carole

2 Meine Geburtstagsfeier

→ Übungen ab S. 235

1. a) le gâteau b) le cadeau c) les copains / les amis d) la bougie e) la fête f) souffler g) l'anniversaire

2. Musterlösung:

   Aujourd'hui, c'est mon anniversaire. J'invite mes amis. Il y a Sandra, Marie et Charles. À droite, c'est Lucia. On chante et on danse. C'est la fête ! Mais le gâteau et le cadeau sont où ?

3 Geschenke

→ Übungen ab S. 236

1. a) une surprise b) un gâteau c) des crayons d) un stylo e) un livre f) un DVD g) un jeu h) un CD

2. a) une bonne BD b) un livre en français c) un DVD intéressant d) un bon gâteau e) une jolie carte

3. a) Elle invite ses **amis** à sa fête. b) Ils cherchent une **idée** pour Estelle. c) Nous **cherchons** aussi sur Internet. d) Tu as une idée de **cadeau** ? e) Tu vas **trouver** un bon DVD ?

4. a) Je trouve un bon livre. b) Nous cherchons un cadeau sur Internet. c) Je n'ai pas d'idée pour mon père. d) Vous faites un gâteau pour moi.

4 Gemischte Aufgaben

→ Übungen ab S. 238

1. a) Je t'invite. b) C'est pour toi ! c) Oui, je suis là. d) Oh non, je suis en vacances. e) Je suis content. f) Joyeux anniversaire ! g) Merci ! h) C'est sympa, merci ! i) On fait un cadeau ensemble ? j) Tu aimes ?

Bildquellenverzeichnis

Fotolia, New York: 38.1 (PackShot), 38.3 (rcfotostock), 88.1 (DoraZett), 88.2 (Nadia Cruzova), 122.3 (Brad Pict); **iStockphoto, Calgary, Alberta:** 236.8 (JulyVelchev); **Shutterstock, New York:** 55.2 (stefanolunardi), 122.4 (michaeljung), 190.7 (Jiri Vaclavek), 190.8 (Everything), 235 (Tatyana Vyc), 236.1 (A. and I. Kruk), 236.2 (AnjelikaGr), 236.3 (Levente Fazakas), 236.4 (LucaVicari), 236.6 (Radu Bercan), 236.7 (qvist); **Thinkstock, München:** 109.1 (Purestock), 38.2 (Violet711), 55.1 (iordani), 58.1 (grafvision), 58.2 (IPGGutenbergUKLtd), 58.3 (katkov), 58.4 (EEI_Tony), 60.1 (Ryhor Bruyeu), 60.2 (crwpitman), 60.3 (JuFagundes), 60.4 (pressdigital), 60.5 (KatarzynaBialasiewicz), 60.6 (Comstock), 61 (AlexStar), 88.3 (Ingram Publishing), 94.1 (Jupiterimages), 94.2 (fotokostic), 94.3 (SerrNovik), 94.4 (justme_yo), 94.5 (Wavebreakmedia Ltd), 94.6 (moodboard), 109.2 (lzf), 109.3 (ViktorCap), 122.1 (TommL), 122.2 (Connel_Design), 122.5 (code6d), 122.6 (extravagantni), 129.1 (I_AM_JASON), 129.2 (ChristinLola), 129.3 (Alexey Klementiev), 129.4 (Chris Stowers), 129.5 (Digital Vision), 129.6 (Purestock), 164.1 (gpointstudio), 164.2 (Cathy Yeulet), 170.1 (Ingram Publishing), 170.2 (EpicStockMedia), 170.3 (NADOFOTOS), 170.4 (NYS444), 171 (ET-ARTWORKS), 178.1 (m-imagephotography), 178.2 (m-imagephotography), 178.3 (dolgachov), 178.4 (Evgeny Sergeev), 178.5 (Tsokur), 178.6 (Yuri Arcurs), 184.1 (Zoonar RF), 184.2 (UroshPetrovic), 184.3 (Gooddenka), 184.4 (BeylaBalla), 184.5 (Lalouetto), 184.6 (Howard Shooter), 190.1 (Creatas), 190.2 (artvitdiz), 190.3 (3DMAVR), 190.4 (Naphat_Jorjee), 190.5 (AnikaSalsera), 190.6 (ArtHdesign), 190.9 (Billion Photos), 191.1 (KatarzynaBialasiewicz), 191.2 (Michael Blann), 200.1 (SStajic), 200.2 (JulyVelchev), 200.3 (Ingram Publishing), 200.4 (Ingram Publishing), 200.5 (Ingram Publishing), 200.6 (Purestock), 203.1 (Jupiterimages), 203.2 (monkeybusinessimages), 203.3 (Lucas Allen), 203.4 (Mike Watson Images), 205.1 (Artistan), 205.2 (Cathy Yeulet), 206 (Purestock), 210.1 (VvoeVale), 210.2 (Dole08), 210.3 (Nerthuz), 210.4 (valio84sl), 213.1 (ben-bryant), 213.2 (Mervana), 213.3 (TongRo Images), 213.4 (Schnapps2012), 213.5 (Digital Vision.), 213.6 (ColorBlind Images LLC), 215.1 (tonymax), 215.2 (cherezoff), 215.3 (tiler84), 215.4 (WebSubstance), 215.5 (tombaky), 215.7 (goir), 215.8 (Andrey Eremin), 227 (Giambra), 228.1 (adisa), 228.2 (Hemera Technologies), 228.3 (kafl), 228.4 (adisa), 228.5 (Ignatiev), 228.6 (scanrail), 236.5 (Pogonici)